QUE SAIS-JE ?

La logique floue

BERNADETTE BOUCHON-MEUNIER
Directeur de recherche au CNRS

ISBN 2 13 045007 5

Dépôt légal — 1re édition : 1993, janvier

INTRODUCTION

La logique floue suscite actuellement un intérêt général de la part des chercheurs, des ingénieurs et des industriels, mais plus généralement de la part de tous ceux qui éprouvent le besoin de formaliser des méthodes empiriques, de généraliser des modes de raisonnement naturels, d'automatiser la prise de décision dans leur domaine, de construire des systèmes artificiels effectuant les tâches habituellement prises en charge par les humains.

Le but de ce livre est d'expliquer aussi simplement que possible en quoi consiste la logique floue et ce qu'elle peut apporter à ses utilisateurs potentiels, mais également de montrer qu'elle repose sur une théorie rigoureuse et de présenter des éléments méthodologiques qui vont bien au-delà des applications simples, concernant par exemple des appareils électroménagers, actuellement mises en lumière.

Les connaissances dont nous disposons sur une situation quelconque sont généralement imparfaites, soit parce que nous avons un doute sur leur validité, elles sont alors *incertaines,* soit parce que nous éprouvons une difficulté à les exprimer clairement, elles sont alors *imprécises.* Ces deux types d'imperfection dans les connaissances sont souvent intimement mêlés.

Ainsi, le monde réel apparaît-il à la fois *imprécis et incertain.* Il est rare que deux éléments considérés comme semblables possèdent exactement les mêmes caractéristiques (deux frères jumeaux sont généralement différenciables), les limites des états de la nature ne sont pas toujours très nettes (le passage du jour à la nuit par exemple). Même les données bien connues de l'univers sont parfois approximatives (comme la durée de gestation d'un être humain). Notre capacité à appréhender les états de l'univers est, de plus, limitée par les possibilités de nos instruments d'observation, fussent-ils nos yeux. Les observations que nous recueillons sur l'univers peuvent donc être incertaines, mais également approximatives ou vagues.

Dans le fonctionnement de l'esprit humain, les *imprécisions* sont aussi particulièrement remarquables, par exemple dans ses fonctions de reconnaissance et de raisonnement. La capacité d'établir des classes d'éléments de la nature ayant des propriétés analogues est très naturelle chez l'homme. Il sait reconnaître un chien, déterminer l'âge approximatif d'un individu en l'observant, identifier une voix, sans utiliser une liste précise de critères pour cette identification. Il est tout aussi naturel à l'homme de traiter des données affectées d'*incertitude,* inhérente à l'univers ou due à sa méconnaissance de certains facteurs, (son aptitude au jeu en est la preuve) que d'utiliser des critères subjectifs, donc imprécis, tels que la fiabilité d'un observateur ou la force d'une douleur.

Notre capacité à décrire précisément un système est une fonction inverse de sa *complexité,* c'est-à-dire du nombre d'éléments qui le composent, des relations entre eux, de la difficulté de définir leurs caractéristiques. Le besoin d'étudier ou de gérer des systèmes complexes conduit nécessairement à la prise en compte de données vagues (« coût élevé »), imprécises (« mesurant environ 3 à 5 m »), soumises à des erreurs (« 200 kg à 5 % près »), mal définies (« forte douleur »), dont la validité n'est pas absolue (« dans 90 % des cas »), soumises à une incertitude (« très probable »). L'être humain est pourtant naturellement compétent dans la manipulation de tels systèmes. Il suffit, pour s'en convaincre, d'évoquer le système de conduite automobile (la voiture avec ses composants mécaniques, l'ensemble routier, les règles du code de la route, le comportement des êtres humains, l'évolution des éléments du système dans le temps...) ou encore le système musical (les instruments de musique, les méthodes de représentation des sons, les règles de composition, les capacités physiques humaines, la synchronisation, l'acoustique d'un lieu...) et de penser à la compétence des hommes pour conduire une voiture ou jouer une symphonie.

Les deux types d'imperfection dans les connaissances n'ont cependant pas eu la même importance dans les préoccupations des scientifiques. En ce qui concerne l'*incertain,* il a été abordé par la notion de probabilité dès le XVIIe siècle par Pascal et Fermat. Cependant, celle-ci ne permet pas de traiter des croyances subjectives comme on a longtemps pensé qu'elle pouvait le faire, ni de résoudre le problème posé par les connaissances *imprécises ou vagues.*

Ces dernières n'ont été prises en considération qu'à partir de 1965, lorsque L. A. Zadeh, professeur à l'Université de Californie à Berkeley, jusqu'alors internationalement connu pour ses travaux sur la théorie des systèmes, a introduit la notion de *sous-ensemble flou* (en anglais « fuzzy set »), à partir de l'idée d'appartenance partielle à une classe, de catégorie aux limites mal définies, de gradualité dans le passage d'une situation à une autre, dans une généralisation de la théorie classique des ensembles, admettant des situations intermédiaires entre le tout et le rien. Les développements de cette notion fournissent des moyens de représenter et de manipuler des connaissances imparfaitement décrites, vagues ou imprécises et ils établissent une interface entre des données décrites symboliquement (avec des mots) et numériquement (avec des chiffres). La *logique floue* conduit à raisonner sur de telles connaissances. La *théorie des possibilités* qui a été introduite en 1978, également par L. A. Zadeh, constitue un cadre permettant de traiter des concepts d'incertitude de nature non probabiliste. Lorsqu'elle est considérée à partir de la notion d'ensemble flou, la théorie des possibilités constitue un cadre permettant d'exploiter, dans un même formalisme, imprécisions et incertitudes.

Un nombre important de scientifiques s'est intéressé très tôt à cette nouvelle théorie et les recherches sur les aspects mathématiques et les applications des sous-ensembles flous, de la logique floue et de la théorie des possibilités se sont développées depuis la fin des années 60, aussi bien en Europe qu'aux Etats-Unis, en Chine et au Japon, comme en témoignent les revues scientifiques et les congrès internationaux sur le sujet. Les premières réalisations de commande floue de processus industriels sont ainsi apparues en Europe au début des années 70 et la méthode développée a été reprise par les Japonais au début des années 80, pour en faire des succès industriels dont les médias se sont fait l'écho.

Il faut cependant se garder de réduire l'utilisation de la logique floue à ce seul cadre. Des applications en existent dans la plupart des domaines. Citons par exemple l'économie, la médecine, l'aide à la décision, la décision de groupe, la reconnaissance des formes, la classification, les systèmes experts, les bases de données, la conception industrielle.

CHAPITRE I

SOUS-ENSEMBLES FLOUS

La notion de sous-ensemble flou a pour but de permettre des gradations dans l'appartenance d'un élément à une classe, c'est-à-dire d'autoriser un élément à appartenir plus ou moins fortement à cette classe; par exemple, un individu d'une taille donnée n'appartient pas du tout à la classe des « grands » s'il mesure 1,50 m, il y appartient tout à fait s'il mesure 1,80 m et, plus sa taille se rapproche de 1,80 m, plus son appartenance à la classe des « grands » est forte. Cette notion permet l'utilisation de catégories aux limites mal définies (comme « vieux » ou « adulte »), de situations intermédiaires entre le tout et le rien (« presque vrai »), le passage progressif d'une propriété à une autre (passage de « tiède » à « chaud » selon la température), l'utilisation de valeurs approximatives (« environ 12 ans »). Elle évite l'utilisation arbitraire de limites rigides à des classes; il serait aberrant, pour reprendre l'exemple évoqué, de considérer qu'un individu de 1,78 m est grand, mais qu'un individu de 1,775 m ne l'est pas du tout.

Le concept de sous-ensemble flou constitue un assouplissement de celui de sous-ensemble d'un ensemble donné. Notons qu'on parle souvent d'ensemble flou et non de sous-ensemble flou, par abus de langage et conformément à la traduction du terme original de « fuzzy set ».

I. — Définitions

Etant donné un ensemble de référence X, on peut indiquer les éléments de X qui appartiennent à une certaine classe de X et ceux qui n'y appartiennent pas. Cette classe est alors un sous-ensemble de X (au sens habituel de la théorie des ensembles), on le qualifie de *classique* ou d'*ordinaire* dans la suite. Si l'appartenance de certains éléments de X à une classe n'est pas absolue, on peut indiquer avec quel degré chaque élément appartient à cette classe. Celle-ci est alors un sous-ensemble *flou* de X.

1. **Définition d'un sous-ensemble flou.** — Un sous-ensemble classique A de X est défini par une fonction caractéristique χ_A qui prend la valeur 0 pour les éléments de X n'appartenant pas à A et la valeur 1 pour ceux qui appartiennent à A :

$$\chi_A : X \rightarrow \{0, 1\}.$$

Un *sous-ensemble flou* A de X est défini par une fonction d'appartenance qui associe à chaque élément x de X, le degré $f_A(x)$, compris entre 0 et 1, avec lequel x appartient à A :

$$f_A : X \rightarrow [0, 1].$$

Le sous-ensemble flou A est un sous-ensemble classique de X dans le cas particulier où f_A ne prend que des valeurs égales à 0 ou 1. Un sous-ensemble classique est donc un cas particulier de sous-ensemble flou.

Les cas extrêmes de sous-ensembles flous de X sont respectivement X lui-même, associé à une fonction d'appartenance f_X prenant la valeur 1 pour tous les éléments de X, et l'ensemble vide $\emptyset$, associé à une fonction d'appartenance nulle sur tout X.

On adopte souvent la *notation* suivante pour représenter le sous-ensemble flou A, qui indique pour tout élément x de X son degré $f_A(x)$ d'appartenance à A :

$$A = \Sigma_{x \in X} f_A(x) / x, \quad \text{si X est fini,}$$

$$\text{et} \quad A = \int_X f_A(x) / x, \quad \text{si X est infini.}$$

2. **Caractéristiques d'un sous-ensemble flou.** — Pour pouvoir décrire facilement un sous-ensemble flou A de X, on utilise certaines de ses caractéristiques, essentiellement celles qui montrent dans quelle mesure il diffère d'un sous-ensemble classique de X.

La première de ces caractéristiques est le *support* de A, c'est-à-dire l'ensemble des éléments de X qui appartiennent, au moins un peu, à A. Il est noté supp(A) et c'est la partie de X sur laquelle la fonction d'appartenance de A n'est pas nulle :

$$\text{supp}(A) = \{x \in X / f_A(x) \neq 0\}.$$

La deuxième caractéristique de A est sa *hauteur,* notée $h(A)$, c'est-à-dire le plus fort degré avec lequel un élément de X appartient à A. C'est la plus grande valeur prise par sa fonction d'appartenance :

$$h(A) = \sup_{x \in X} f_A(x).$$

Une famille importante de sous-ensembles flous, qui est utilisée dans la théorie des possibilités en particulier (chapitre III), correspond à ceux qui sont *normalisés,* c'est-à-dire pour lesquels il existe au moins un élément de X appartenant de façon absolue (avec un degré 1) à A. Plus précisément, A est normalisé si sa hauteur $h(A)$ est égale à 1.

L'ensemble de tous les éléments appartenant de façon absolue (avec un degré 1) à A est appelé le *noyau* de A et noté noy(A) :

$$\text{noy}(A) = \{x \in X / f_A(x) = 1\}.$$

Si A est un sous-ensemble ordinaire de X, il est normalisé et il est identique à son support et à son noyau.

Une dernière caractéristique du sous-ensemble flou A de X (lorsque X est fini) est sa *cardinalité,* évaluant le degré global avec lequel les éléments de X appartiennent à A. Elle est définie par :

$$|A| = \Sigma_{x \in X} f_A(x).$$

Si A est un sous-ensemble ordinaire de X, sa cardinalité est le nombre d'éléments qui le composent, selon la définition classique.

Exemple I.1 : Soit X = { Paris, Ville de province, Bourgade }, l'ensemble des lieux proposés pour une habitation, notés P, V, B. On peut définir les sous-ensembles flous suivants, correspondant à des choix :

• A = 0,8/P + 0,6/V + 0,4/B

(h(A) = 0,8, supp(A) = X, noy(A) = $\varnothing$, |A| = 1,8), tous les lieux étant acceptables, avec néanmoins un ordre de préférence.

• A′ = 0,2/P + 1/V + 0/B

(normalisé, supp(A′) = {P, V}, noy(A′) = {V}, |A′| = 1, 2), avec un choix de V, modéré par l'acceptation avec un faible degré de P.

• A″ = 0/P + 0/V + 1/B

(singleton de X, normalisé, supp(A″) = noy(A″) = {B}, |A″| = 1), avec un choix très net de B.

On note dans toute la suite **F**(X) l'ensemble de tous les sous-ensembles flous de X (figure I.1).

3. **Spécificité et précision d'un sous-ensemble flou.** — Lorsqu'on s'intéresse à un univers X, on peut percevoir un point unique x de X, par exemple la couleur blanche des cheveux ou l'âge précis d'un individu. La classe de X que l'on étudie est alors un singleton {x}. On peut aussi considérer une classe qui contient plus d'un point de X, par exemple recher-

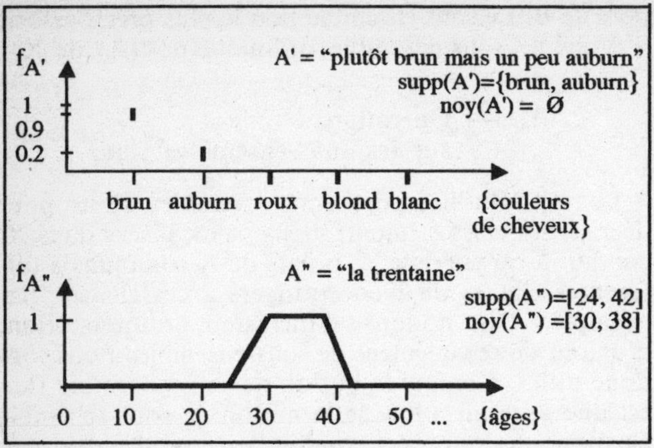

Fig. I.1. — Exemples de sous-ensembles flous d'univers discret (A') ou continu (A").

cher les personnes rousses ou blondes, ou encore celles qui ont plus de 18 ans, l'information que l'on traite est alors moins spécifique puisqu'on ne localise que grossièrement les points de X qui nous intéressent. La classe de X est alors un sous-ensemble ordinaire de X. Cette localisation peut être, non seulement peu spécifique, mais également imprécise, et la classe est alors perçue avec des frontières non rigides, c'est le cas si l'on étudie des cheveux « plutôt blonds ou roux » ou des personnes « adultes ». La classe étudiée est alors un sous-ensemble flou de X, qui peut être plus ou moins spécifique, plus ou moins précis.

Un sous-ensemble flou A $\in$ **F**(X) est dit plus *spécifique* que B $\in$ **F**(X) si le noyau de A (non vide) est strictement inclus dans le noyau de B et supp (B) $\supseteq$ supp(A). Les sous-ensembles flous les plus spécifiques sont les singletons $\{x\}$ de X, tels que $f_{\{x\}}(x) = 1$ et $f_{\{x\}}(y) = 0$ pour tout $y \neq x$. Un sous-ensemble flou A $\in$ **F**(X) est plus *précis* qu'un sous-ensemble flou B $\in$ **F**(X) de même noyau que lui, si le support de A est strictement inclus dans le support de B. Le sous-ensemble flou le plus précis associé à A est le sous-ensemble ordinaire noy(A) de X.

II. — Opérations sur les sous-ensembles flous

Le fait d'utiliser des sous-ensembles flous pour décrire des classes imparfaitement localisées dans X, conduit à caractériser les points de X communs à différentes classes ou bien étrangers à ces classes, par exemple. Les notions d'inclusion, d'intersection, d'union, de complément de sous-ensembles flous sont donc utiles. Comme la notion de sous-ensemble flou est une généralisation de la notion de sous-ensemble classique de X, on est conduit à introduire des opérations sur les sous-ensembles flous qui sont équivalentes aux opérations classiques de la théorie des ensembles lorsque l'on a affaire à des fonctions d'appartenance à valeurs 0 ou 1.

1. **Egalité, inclusion de sous-ensembles flous.** — Il est d'abord nécessaire de définir deux sous-ensembles flous A et B d'un même ensemble X comme *égaux*. Ils le sont si leurs fonctions d'appartenance prennent la même valeur en tout point de X :

$$\forall x \in X \quad f_A(x) = f_B(x).$$

On dit que A ∈ **F**(X) est *inclus* dans B ∈ **F**(X), et on note A ⊆ B, si tout élément x de X qui appartient, même de façon modérée, à A appartient aussi à B avec un degré au moins aussi grand. Leurs fonctions d'appartenance sont telles que :

$$\forall x \in X \quad f_A(x) \leq f_B(x).$$

2. **Intersection et union de sous-ensembles flous.** — L'*intersection* de deux sous-ensembles flous A et B de X est le sous-ensemble flou constitué des éléments de X affectés du plus petit de leurs deux degrés

d'appartenance, donnés par f_A et f_B. Elle est définie comme l'élément C = A ∩ B de **F**(X) tel que :

$$\forall x \in X \quad f_C(x) = \min(f_A(x), f_B(x)),$$

min désignant l'opérateur de minimisation. Intuitivement, un élément x ne peut appartenir à A et à B à la fois, c'est-à-dire à A ∩ B, moins fortement qu'il n'appartient à chacun d'eux.

L'*union* de deux sous-ensembles flous A et B de X est le sous-ensemble flou constitué des éléments de X affectés du plus grand de leurs deux degrés d'appartenance, donnés par f_A et f_B. Elle est définie comme l'élément D = A ∪ B de **F**(X) tel que :

$$\forall x \in X \quad f_D(x) = \max(f_A(x), f_B(x)),$$

max désignant l'opérateur de maximisation. Intuitivement, un élément x ne peut appartenir à A ou à B, c'est-à-dire à A ∪ B, plus qu'il n'appartient à l'un d'eux.

Comme dans la théorie des ensembles classiques, les définitions que nous venons de donner conduisent aux propriétés suivantes :

- associativité de ∩ et de ∪,
- commutativité de ∩ et de ∪,
- $A \cup \varnothing = A$, $A \cup X = X$,
- $A \cap X = A$, $A \cap \varnothing = \varnothing$,
- $A \cup B \supseteq A \supseteq A \cap B$,
- $A \cap (B' \cup B'') = (A \cap B') \cup (A \cap B'')$
- $A \cup (B' \cap B'') = (A \cup B') \cap (A \cup B'')$,

et la cardinalité de sous-ensembles flous vérifie :

$$|A| + |B| = |A \cap B| + |A \cup B|.$$

Exemple I.2 : Avec les sous-ensembles flous de l'exemple I.1, on obtient :

$$A \cap A' = 0{,}2/P + 0{,}6/V + 0/B,$$
$$A \cup A' = 0{,}8/P + 1/V + 0{,}4/B.$$

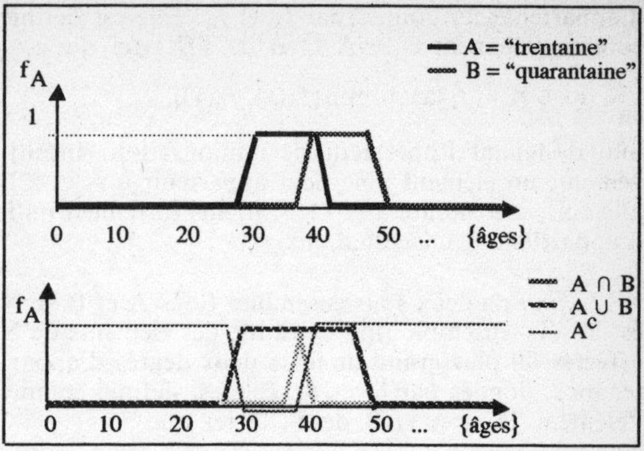

Fig. I.2. — Exemple d'intersection, d'union et de complément de sous-ensembles flous d'un même univers.

3. **Complément d'un sous-ensemble flou.** — On définit enfin le *complément* A^c d'un élément A de **F**(X) en considérant qu'un élément x de X appartient d'autant plus à A^c qu'il appartient peu à A. Il est défini comme le sous-ensemble flou de X de fonction d'appartenance :

$$\forall x \in X \qquad f_{A^c}(x) = 1 - f_A(x).$$

Contrairement aux sous-ensembles classiques, il vérifie généralement $A^c \cap A \neq \emptyset$ et $A^c \cap A \neq X$. Les autres propriétés de la théorie des ensembles classiques sont cependant satisfaites, telles que :

- $(A \cap B)^c = A^c \cup B^c$,
- $(A \cup B)^c = A^c \cap B^c$,
- $(A^c)^c = A$,
- $|A| + |A^c| = |X|$.

Exemple I.3 : En poursuivant l'exemple I.1, on obtient : $A^c = 0{,}2/P + 0{,}4/V + 0{,}6/B$.

4. **Remarque.** — Le choix des opérateurs min et max et de la complémentation à 1 pour définir respectivement l'intersection, l'union et le complément de sous-ensembles flous est justifié par le fait que ces opérateurs préservent presque toute la structure de la théorie classique des ensembles. On démontre que ce sont les opérateurs les plus satisfaisants pour cette préservation.

Néanmoins, d'autres opérateurs sont envisageables si l'on est moins exigeant sur la préservation des propriétés classiques ou si l'on a des raisons spéciales de souhaiter d'autres comportements des opérations sur les sous-ensembles flous. Les opérateurs les plus connus sont les normes triangulaires pour l'intersection, les conormes triangulaires pour l'union, les négations pour le complément, sur lesquelles nous reviendrons dans le paragraphe VI.

III. — Les α-coupes associées à un sous-ensemble flou

1. **Définition des α-coupes.** — Il est souvent intéressant de se référer à des sous-ensembles ordinaires correspondant de façon approximative à un sous-ensemble flou donné, pour utiliser des critères de prise de décision ou des connaissances de la théorie classique des ensembles, par exemple. La façon la plus simple de réaliser cette approximation est de fixer une limite inférieure, notée α, aux degrés d'appartenance pris en considération. On construit donc le sous-ensemble ordinaire A_α de X associé à $A \in \mathbf{F}(X)$ pour le seuil α, en sélectionnant tous les éléments de X qui appartiennent à A avec un degré au moins égal à α.

Plus précisément, pour toute valeur α de [0, 1], on définit la α-*coupe* (ou *sous-ensemble de niveau* α) A_α d'un sous-ensemble flou A de X comme le sous-ensemble $A_\alpha = \{x \in X / f_A(x) \geq \alpha\}$, de fonction caractéristique χ_{A_α} telle que :

$$\chi_{A_\alpha}(x) = 1 \text{ si et seulement si } f_A(x) \geq \alpha.$$

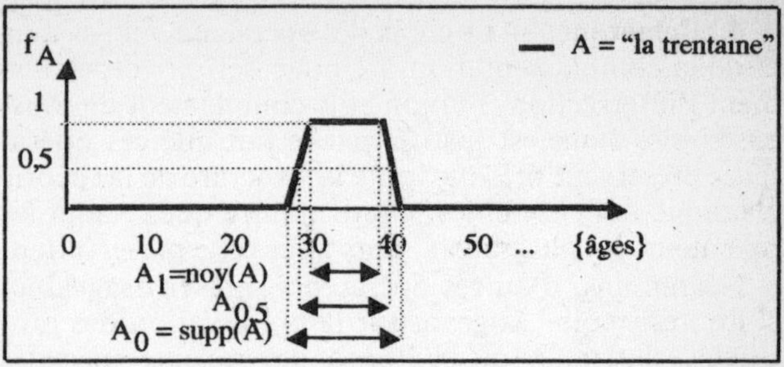

Fig. I.3. — Exemples de α-coupes associées au sous-ensemble flou A.

2. **Propriétés des α-coupes.** — Lorsqu'on construit une α-coupe A_α du sous-ensemble flou A, on peut dire que α représente le seuil à partir duquel la notion d'appartenance, bien que relative dans la définition de A, est considérée comme suffisante pour en construire le sous-ensemble approché A_α. Plus on est exigeant sur la notion d'appartenance, plus on augmente ce seuil, et moins il existe d'éléments de X satisfaisant cette notion d'appartenance. Les α-coupes de A sont des parties non floues de X emboîtées par rapport à la valeur de α, c'est-à-dire que si $\alpha' \geq \alpha$, alors $A_\alpha \supseteq A_{\alpha'}$.

La compatibilité des opérations sur les ensembles flous avec les opérations classiques permet de vérifier que, pour tous A et B de **F**(X), pour tout α de [0, 1], il revient au même d'effectuer l'intersection ou l'union (au sens flou) de A et de B, puis de construire ses *α-coupes,* ou de chercher les *α-coupes* de A et B puis d'en effectuer l'intersection ou l'union (au sens ordinaire) :

- $(A \cap B)_\alpha = A_\alpha \cap B_\alpha$,
- $(A \cup B)_\alpha = A_\alpha \cup B_\alpha$,
- si $A \supseteq B$ alors $A_\alpha \supseteq B_\alpha$.

Si l'on choisit le niveau $\alpha = 0$, alors $A_\alpha = X$. Si l'on choisit le niveau $\alpha = 1$, alors A_α est le noyau de A, éventuellement vide.

Exemple I.3 : Dans la figure I.1, la 0,2-coupe de A est {brun, auburn}, sa 0,3-coupe, identique à sa 0,4-coupe, ... 0,9-coupe est {brun}.

Avec les ensembles flous de l'exemple I.1, $A_{0,1} = \dots = A_{0,4} = X$, $A_{0,5} = A_{0,6} = \{P, V\}$, $A_{0,7} = A_{0,8} = \{P\}$, $A_{0,9} = A_1 = \varnothing$.

3. **Représentation d'un sous-ensemble flou à partir de ses α-coupes.** — Supposons que l'on considère un nombre fini de degrés d'appartenance ordonnés de façon croissante, par exemple $I = \{0{,}1,\ 0{,}2,\ 0{,}3\ \dots\ 1\}$. Si l'on connaît les α-coupes A_α du sous-ensemble flou inconnu A pour tous les seuils $\alpha \in I$, on peut construire la fonction d'appartenance f_A de A en considérant les seuils du plus grand au plus petit. Dans le cas particulier de I, $f_A(x) = 1$ pour tout $x \in A_1$, $f_A(x) = 0{,}9$ pour tout $x \in A_{0,9} - A_1$, puisque $f_A(x) \geq 0{,}9$ sur $A_{0,9}$ et $f_A(x) = 1$ sur A_1. Pour tout seuil α, $f_A(x) = \alpha$ pour tout $x \in A_\alpha - A_{\alpha'}$, si α′ suit immédiatement α dans I.

Plus généralement, la famille des α-coupes est une représentation du sous-ensemble flou auquel elle est associée, et un théorème de décomposition permet de décrire n'importe quel sous-ensemble flou de X à partir de ses α-coupes :

$$\forall x \in X \quad f_A(x) = \sup_{\alpha \in]0,1]} \alpha \cdot \chi_{A_\alpha}(x),$$

où sup indique le supremum (la borne supérieure des valeurs possibles) et χ_{A_α} est la fonction caractéristique de A_α.

IV. — Produit cartésien de sous-ensembles flous

1. **Définition.** — Lorsque l'on considère plusieurs ensembles de référence simultanément, par exemple plusieurs critères pour une prise de décision, ou plusieurs caractéristiques pour décrire une famille d'objets, on est conduit à traiter simultanément des

classes floues de chacun de ces ensembles. On traite alors une classe floue globale d'un univers dont les diverses composantes sont les ensembles de référence initiaux. Cette classe floue globale est définie comme le produit cartésien des classes floues initiales de la façon suivante.

Soit $X_1, X_2, \ldots, X_r$ des ensembles de référence, et X leur produit cartésien $X = X_1 \times X_2 \times \ldots \times X_r$, dont les éléments sont des r-uplets $(x_1, x_2, \ldots x_r)$, avec $x_1 \in X_1$, $x_2 \in X_2, \ldots, x_r \in X_r$.

A partir de sous ensembles-flous $A_1, A_2, \ldots, A_r$, respectivement définis sur $X_1, X_2, \ldots, X_r$, on construit un sous-ensemble flou $A = A_1 \times A_2 \times \ldots \times A_r$ de X, considéré comme leur *produit cartésien,* de fonction d'appartenance :

$$\forall x = (x_1, \ldots, x_r) \in X,$$
$$f_A(x) = \min (f_{A_1}(x_1), \ldots, f_{A_r}(x_r)).$$

Exemple I.4 : Pour poursuivre l'exemple I.1, soit $X_1 = \{P, V, B\}$ l'univers des lieux proposés pour une résidence et $X_2 = \{M, A\}$ l'univers de choix entre une maison et un appartement. Les sous-ensembles flous $A_1 = 0{,}8/P + 0{,}6/V + 0{,}4/B$, $A_2 = 0{,}3/M + 0{,}7/A$ représentent des préférences relatives à chacun des deux univers X_1 et X_2 pris individuellement. Une préférence relative aux deux univers de façon globale est représentée par leur produit cartésien, défini comme $A = 0{,}3/(P, M) + 0{,}3/(V, M) + 0{,}3/(B, M) + 0{,}7/(P, A) + 0{,}6/(V, A) + 0{,}4/(B, A)$, ce qui correspond à une préférence pour un appartement à Paris, éventuellement dans une ville de province, toutes les autres hypothèses étant acceptables, mais très modérément.

2. **Projection d'un sous-ensemble flou.** — De façon inverse, la connaissance d'une classe floue globale d'un univers complexe doit permettre de donner des informations sur les différentes composantes de cet univers et de caractériser des classes floues sur chacune de ces composantes.

Soit un sous-ensemble flou A défini sur un univers $X_1 \times X_2$, produit cartésien de deux univers X_1 et X_2. On définit la *projection* de A sur X_1 comme le sous-ensemble flou de X_1, noté $\mathrm{Proj}_{X_1}(A)$, de fonction d'appartenance :

$$\forall x_1 \in X_1,$$
$$f_{\mathrm{Proj}\,X_1(A)}(x_1) = \sup_{x_2 \in X_2} f_A((x_1, x_2)).$$

On définit de façon analogue la projection de A sur X_2.

En particulier, si A est le produit cartésien des sous-ensembles flous A_1 de X_1 et A_2 de X_2, ses projections $\mathrm{Proj}_{X_1}(A)$ sur X_1 et $\mathrm{Proj}_{X_2}(A)$ sur X_2 sont respectivement A_1 et A_2.

Exemple I.5 : Reprenons les univers $X_1 = \{ P, V, B \}$ et $X_2 = \{M, A\}$ de l'exemple I.4. Supposons que les souhaits d'un individu soient indiqués par le sous-ensemble flou suivant de $X_1 \times X_2$: $A = 0{,}2/(P, M) + 0{,}6/(V, M) + 0{,}9/(B, M) + 0{,}3/(P, A) + 0{,}4/(V, A) + 0{,}5/(B, A)$ qui montre que sa préférence va vers une maison dans une bourgade. L'information que l'on peut obtenir sur ses préférences relatives à l'alternative maison / appartement est indiquée par le sous-ensemble flou de X_2 déduit de A par projection sur X_2 : $\mathrm{Proj}_{X_2}(A) = \max(0{,}2, 0{,}6, 0{,}9)/M + \max(0{,}3, 0{,}4, 0{,}5)/A = 0{,}9/M + 0{,}5/A$.

Plus généralement, on peut définir la projection d'un sous-ensemble flou A de $X = X_1 \times X_2 \times \ldots \times X_r$ sur le produit cartésien $X_a \times X_b \times \ldots \times X_k$, avec $1 \leq a < b < \ldots < k \leq r$ à l'aide d'une fonction d'appartenance obtenue en prenant le supremum de $f_A((x_1, \ldots, x_r))$ pour tous les éléments x_i des ensembles X_i tels que $1 \leq i \leq r, i \neq a, i \neq b, \ldots i \neq k$:

$$\forall x_a \in X_a \ldots x_k \in X_k,$$
$$f_{\mathrm{Proj}(A)}(x_a \ldots x_k) = \sup_{1 \leq i \leq r,\, i \neq a \ldots j \neq k} f_A((x_i, \ldots, x_j)).$$

Réciproquement, l'*extension cylindrique* du sous-ensemble flou B de $X_a \times X_b \times \ldots \times X_k$, avec

$1 \leq a < b < \ldots < k \leq r$, est le sous-ensemble flou B^e de $X = X_1 \times X_2 \times \ldots \times X_r$ de fonction d'appartenance :

$$\forall x = (x_1, \ldots, x_r) \in X, \quad f_{B^e}(x) = f_B(x_a, \ldots, x_k).$$

Exemple I.6 : Reprenant l'exemple I.4, l'extension cylindrique de A_1 dans X est définie par :

$$A_1^e = 0{,}8/(P, M) + 0{,}6/(V, M) + 0{,}4/(B, M) + 0{,}8/(P, A) + 0{,}6/(V, A) + 0{,}4/(B, A).$$

V. — Principe d'extension

On peut considérer que les sous-ensembles flous de X sont des connaissances imprécises sur les éléments de X. Par exemple, au lieu d'observer précisément un élément x de X, on est seulement capable de percevoir un sous-ensemble flou auquel x appartient fortement, l'observation comportant une erreur de mesure ou un halo dans une image. Dans ces conditions, les propriétés connues sur l'ensemble de référence X ou sur ses relations avec un autre ensemble de référence Y ne sont pas exploitables directement. Il convient alors de les adapter pour qu'elles soient utilisables lorsque l'on connaît X à travers ses sous-ensembles flous et non par l'intermédiaire de ses éléments.

Supposons donc qu'on dispose d'une application φ d'un premier ensemble de référence X vers un second ensemble de référence Y, éventuellement identique au premier. Le *principe d'extension* permet de définir un sous-ensemble flou B de Y à partir de la donnée d'un sous-ensemble flou A de X :

$$\forall y \in Y$$
$$f_B(y) = \sup_{\{x \in X / y = \varphi(x)\}} f_A(x) \quad \text{si } \varphi^{-1}(y) \neq \emptyset$$
$$f_B(y) = 0 \quad \text{si } \varphi^{-1}(y) = \emptyset$$

Remarque : Etant donné r ensembles de référence $X_1, X_2, \ldots X_r$, la définition de l'extension cylindrique

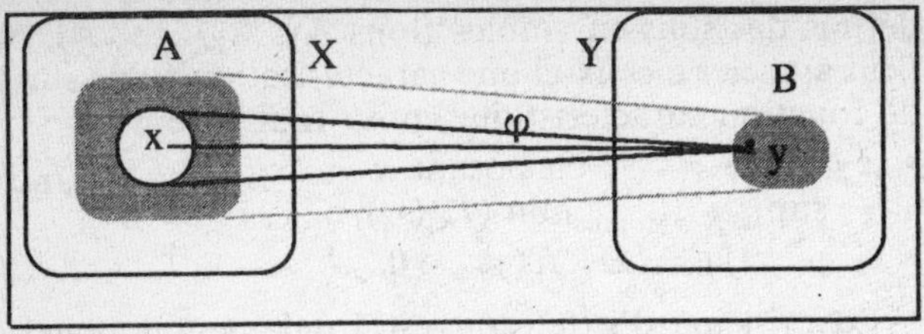

Fig. I.4. — Principe d'extension.

est obtenue en utilisant le principe d'extension pour $X = X_a \times X_b \times \ldots \times X_k$, avec $1 \leq a \leq b \ldots \leq k \leq r$, et $Y = X_1 \times X_2 \times \ldots \times X_r$. L'application $\varphi : X \to Y$ est telle que $\varphi(x_a, x_b, \ldots, x_k) = (x_1, \ldots, x_a, x_b, \ldots, x_k, \ldots, x_r)$, pour tous les éléments x_1 de X_1, …, x_r de X_r des ensembles différents de X_a, X_b, …, X_k.

Exemple I.7 : Considérons comme dans la figure I.1 l'ensemble X des couleurs de cheveux et l'ensemble Y des types humains {nordique, méridional, autre}. On suppose que l'on sache associer un ou plusieurs types humains à chaque couleur de cheveux, par l'application φ définie sur X et prenant ses valeurs dans Y, telle que φ(brun) = méridional, φ(auburn) = autre, φ(roux) = φ(blond) = nordique, φ(blanc) = {nordique, méridional, autre}. Une caractérisation floue de la couleur des cheveux telle que A_1, « plutôt brun mais un peu auburn », donnée dans la figure I.1 conduit à une caractérisation floue B du type humain, de fonction d'appartenance sur Y : f_B(nordique) = max ($(f_{A_1}$(roux), $(f_{A_1}$(blond), $(f_{A_1}$(blanc)) = 0, f_B(méridional) = max$(f_{A_1}$(brun), $(f_{A_1}$(blanc)) = 0.9, f_B(autre) = max$(f_{A_1}$(auburn), f_{A_1}(blanc)) = 0.2, ce qui s'interprète en disant que des cheveux qualifiés de « plutôt bruns mais un peu auburn » conduisent à penser que le type humain est vraisemblablement méridional, bien qu'on ne puisse exclure qu'il soit autre que méridional ou nordique.

En particulier, si X est le produit cartésien des ensembles de référence X_1, X_2, …, X_r, sur lesquels sont définis des sous-ensembles flous $A_1, A_2, \ldots, A_r$, on peut associer à ceux-ci une caractérisation floue sur Y de fonction caractéristique, pour tout y de Y :

- si $\varphi^{-1}(y) \neq \emptyset$, en posant $x = (x_1, \ldots, x_r)$, $f_B(y) = \sup_{\{x \in X / y = \varphi(x)\}} \min (f_{A_1}(x_1), \ldots, f_{A_r}(x_r))$,
- si $\varphi^{-1}(y) = \emptyset$, $f_B(y) = 0$.

Le principe d'extension est fondamental pour le traitement de différents concepts flous, comme les nombres flous ou le raisonnement en logique floue, sur lesquels nous reviendrons ultérieurement.

VI. — **Normes et conormes triangulaires**

Comme nous l'avons remarqué au paragraphe II.4, les opérations d'intersection, d'union et de complémentation usuelles pour les sous-ensembles flous peuvent être effectuées à l'aide d'opérateurs autres que le minimum, le maximum, la complémentation à 1. Des familles de tels opérateurs ont été introduites, à l'origine, dans le domaine des espaces métriques probabilisés. La logique floue, la commande floue de processus, par exemple, font appel à de tels opérateurs. Ces familles, sont définies de la façon suivante.

Une *norme triangulaire (t-norme)* est une fonction $T : [0, 1] \times [0, 1] \rightarrow [0, 1]$ qui vérifie pour tous x, y et z de $[0, 1]$:

i) $T(x, y) = T(y, x)$ (commutativité),
ii) $T(x, T(y, z)) = T(T(x, y), z)$ (associativité),
iii) $T(x, y) \leq T(z, t)$ si $x \leq z$ et $y \leq t$ (monotonie),
iv) $T(x, 1) = x$ (élément neutre 1).

On vérifie simplement que l'opérateur $T = \min$ satisfait les propriétés i à iv. N'importe quelle t-norme est un opérateur d'intersection : en construisant, à partir de deux sous-ensembles flous A et B de X, un troisième sous-ensemble flou $C = A \cap_T B$ par $f_C(x) = T(f_A(x), f_B(x))$, on définit une opération qui est commutative, associative, monotone par rapport à l'inclusion (si

A′ ⊇ A alors A′ $\cap_T$ B ⊇ A $\cap_T$ B) et qui vérifie A $\cap_T$ X = A. Toute t-norme autre que min peut donc servir à définir une intersection de sous-ensembles flous.

De façon analogue, une *conorme triangulaire (t-conorme)* est une fonction $\perp : [0, 1] \times [0, 1] \rightarrow [0, 1]$ qui vérifie pour tous x, y et z de [0, 1] :

v) $\perp(x, y) = \perp(y, x)$ (commutativité),
vi) $\perp(x, \perp(y, z)) = \perp(\perp(x, y), z)$ (associativité),
vii) $\perp(x, y) \leq \perp(z, t)$ si $x \leq z$ et $y \leq t$ (monotonie),
viii) $\perp(x, 0) = x$ (élément neutre 0).

On vérifie que $\perp$ = max satisfait les propriétés v à viii. N'importe quelle t-conorme est un opérateur d'union: en construisant, à partir de deux sous-ensembles flous A et B de X, un troisième sous-ensemble flou C = A $\cup_T$ B par $f_C(x) = \perp(f_A(x), f_B(x))$, on définit une opération qui est elle aussi commutative, associative, monotone par rapport à l'inclusion (si A′ ⊇ A alors A′ $\cup_T$ B ⊇ A $\cup_T$ B) et qui vérifie A $\cup_T$ ∅ = A. Toute t-conorme autre que max peut donc servir à définir une union de sous-ensembles flous.

Les t-normes et t-conormes les plus utilisées sont indiquées dans la figure I.5. Elles sont ordonnées par les inégalités :

$\forall x, y$ dans [0, 1]
$T_{Weber}(x, y) \leq T(x, y) \leq \min(x, y)$
$\max(x, y) \leq \perp(x, y) \leq \perp_{Weber}(x, y)$.

Les opérateurs de Hamacher sont identiques à ceux de Weber si γ tend vers l'infini et sont les opérateurs probabilistes si $\gamma = 1$.

Leurs propriétés montrent que t-normes et t-conormes peuvent être considérées comme duales. On peut passer de l'une à l'autre par l'intermédiaire d'une *négation,* qui est une fonction $n : [0, 1] \rightarrow [0,1]$ telle que :

ix) $n(0) = 1$ et $n(1) = 0$,
x) $n(x) \leq n(y)$ si $x \geq y$.

Elle est dite *stricte* si $n(x)$ est continue et satisfait $n(x) < n(y)$ dès que $x > y$. Elle est de plus *involutive* si et seulement si $n(n(x)) = x$ pour tout x.

Une négation involutive permet de définir le complément d'un sous-ensemble flou A de X comme le sous-ensemble flou A^{cn} de fonction d'appartenance $f_{A^{cn}}(x) = n(f_A(x))$ en tout x de X.

Une t-norme T et une t-conorme $\perp$ sont *duales* pour la négation stricte n si elles satisfont les relations suivantes pour tous x et y de [0, 1] :

$$n(\mathrm{T}(x, y)) = \perp(n(x), n(y)),$$
$$n(\perp(x, y)) = \mathrm{T}(n(x), n(y)).$$

La négation $n(x) = 1 - x$ permet de mettre en évidence la dualité entre les principales t-normes et t-conormes, comme indiqué dans la figure I.5.

t-norme	*t-conorme*	*négation*	*nom*
min(x,y)	max(x,y)	1 - x	Zadeh
x . y	x+y-xy	1 - x	probabiliste
max(x+y-1, 0)	min(x+y, 1)	1 - x	Lukasiewicz
$\frac{xy}{\gamma+(1-\gamma)(x+y-xy)}$	$\frac{x+y-xy-(1-\gamma)xy}{1-(1-\gamma)\,xy}$	1 - x	Hamacher (γ >0)
x si y=1 y si x=1 0 sinon	x si y=0 y si x=0 1 sinon	1 - x	Weber

Fig. I.5. — Principales t-normes et t-conormes duales.

Les propriétés des opérateurs généraux présentés leur permettent d'être utilisés pour définir des opérations de combinaison de sous-ensembles flous, ainsi que la composition et la transitivité de relations floues, par exemple (chapitre II). Leur importance apparaît dans le cadre de la logique floue (chapitre V).

Chapitre II

RELATIONS ET QUANTITÉS FLOUES, MESURES D'IMPRÉCISION

De nombreux concepts mathématiques classiques peuvent être assouplis pour être utilisés lorsque les connaissances dont on dispose sont imprécises. Des concepts sont alors introduits dans le cadre de la théorie des sous-ensembles flous, qui se confondent avec des concepts classiques lorsque les fonctions d'appartenance des sous-ensembles flous concernés ne prennent que des valeurs 0 ou 1. Parmi ceux qui ont le plus d'applications, on peut citer les relations floues qui mettent en évidence des liaisons imprécises ou graduelles entre éléments d'un même ensemble, les quantités floues qui permettent de manipuler des nombres ou des intervalles imprécisément connus, les mesures d'imprécision qui permettent d'évaluer le flou inhérent à un sous-ensemble.

I. — Relations floues

Etant donné les ensembles de référence X et Y, une liaison entre X et Y peut être difficilement représentable par une relation classique, parce qu'elle est imprécisément connue ou graduelle. Par exemple, si X est l'ensemble des prix d'achat et Y celui des prix de vente, « le prix d'achat est très inférieur au prix de vente » définit une classe imprécise de prix de vente correspondant à chaque prix d'achat et la relation entre X et Y que l'on introduit ainsi est de plus en plus satisfaite au fur et à mesure que les valeurs des éléments de X deviennent de plus en plus faibles par rapport à celles des éléments de Y, jusqu'à une satisfaction totale. Une *relation floue* R entre X et Y est définie comme un sous-ensemble flou de X × Y. En particulier, si X et Y sont finis, elle peut être décrite par la matrice M(R) des valeurs de sa fonction d'appartenance.

Exemple II.1 : Soit d'abord $X = Y = \{x_1, x_2, x_3\}$, $f_R(x, y)$ est défini sous forme matricielle (fig. II.1*a*). Soit ensuite les ensembles X d'abscisses et Y d'ordonnées des pixels d'une image en noir et blanc; en utilisant un seul niveau de gris, on décrit l'image par l'intermédiaire d'une relation floue de fonction d'appartenance égale à 0, 0,5 et 1 pour les coordonnées des pixels respectivement blancs, gris et noirs (fig. II.1*b*). Soit enfin X = Y l'ensemble des nombres réels, la relation floue R = « approximativement égal à » peut être définie par :

$$\forall x \in X, \quad \forall y \in X \quad f_R(x, y) = 1/(1 + (x - y)^2).$$

(a)

x \ y	x_1	x_2	x_3
x_1	0,2	1	0,5
x_2	0	0,6	0,3
x_3	0	0,9	0,4

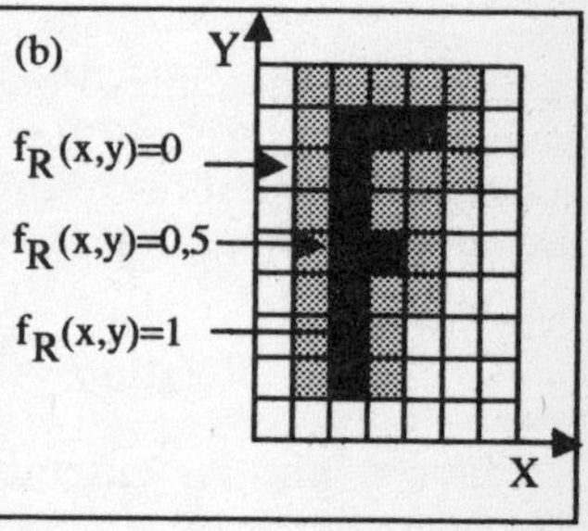

Fig. II.1. — Deux exemples de relations floues.

1. **Propriétés générales.** — Si l'on échange les rôles de X et de Y, on doit considérer l'inverse de la relation floue (« le prix de vente est beaucoup plus grand que le prix d'achat » pour reprendre l'exemple ini-

tial). L'*inverse* de la relation R entre X et Y est la relation floue R^{-1} entre Y et X définie par :

$$\forall x \in X, \quad \forall y \in Y \qquad f_{R^{-1}}(y, x) = f_R(x, y).$$

Pour trois ensembles de référence X, Y et Z, il est utile de composer les relations qui les lient (si le prix d'achat est très inférieur au prix de revient et si celui-ci est un peu plus petit que le prix de vente, quelle relation peut-on mettre en évidence entre le prix d'achat et le prix de vente?). La *composition* de deux relations floues R_1 sur X × Y et R_2 sur Y × Z définit une relation floue $R = R_1 \circ R_2$ sur X × Z de fonction d'appartenance :

$$\forall (x, z) \in X \times Z$$
$$f_R(x, z) = \sup_{y \in Y} \min (f_{R_1}(x, y), \quad f_{R_2}(y, z)).$$

Cette définition correspond à la composition max-min, la plus classiquement utilisée. Il est cependant possible de remplacer l'opérateur min par un autre opérateur * (composition max-*), par exemple une norme triangulaire, et en particulier le produit (voir chapitre I.VI.

La relation floue $R = R_1 \circ R_2$ est ainsi définie comme la projection sur X × Z de l'intersection $R_1^e \cap R_2^e$ des extensions cylindriques de R_1 et R_2.

Cette définition est compatible avec la composition ordinaire lorsque les relations R_1 et R_2 ne sont pas floues. Elle est particulièrement facile à obtenir quand les ensembles de référence sont finis. En effet, le calcul de f_R à partir de la donnée de f_{R_1} et f_{R_2} peut être regardé comme un produit matriciel pour lequel on remplace l'addition par l'opération « max » et la multiplication par l'opération « min ».

Exemple II.2 : Pour la relation R définie sur $X = Y = \{x_1, x_2, x_3\}$ dans la figure II.1*a*, la composition max-min fournit la relation $R \circ R$, dont la fonction d'appartenance est indiquée ci-après.

x \ y	x_1	x_2	x_3
x_1	0.2	0.6	0.4
x_2	0	0.6	0.3
x_3	0	0.6	0.4

$f_{R \circ R}(x,y)$

2. **Propriétés particulières des relations floues.** — Les principales relations floues servent à décrire des ressemblances (« à peu près égal ») ou des antériorités (« beaucoup plus petit »). Comme pour les relations classiques, on s'intéresse à certaines propriétés des relations floues R définies sur X × X.

La relation R est *symétrique* si :

$$\forall (x, y) \in X \times X \quad f_R(x, y) = f_R(y, x).$$

Elle est *réflexive* si : $\forall x \in X \; f_R(x, x) = 1$.

Elle est *transitive* si : $R \supseteq R \circ R$,

et en particulier *transitive max-min* si l'on utilise la composition max-min de relations floues :

$$\forall (x, z) \in X \times X$$
$$f_R(x, y) \geq \sup_{y \in X} \min(f_R(x, y), f_R(y, z)).$$

La propriété de transitivité est particulièrement facile à vérifier lorsque X est fini, puisqu'alors les éléments de la matrice des valeurs de f_R doivent être supérieurs ou égaux à ceux de la matrice des valeurs de $f_{R \circ R}$.

La relation R est *antisymétrique* si elle vérifie :

$$\forall (x, y) \in X \times X,$$
$$f_R(x, y) > 0 \quad \text{et} \quad f_R(y, x) > 0 \Rightarrow x = y.$$

Exemple II.3 : Reprenons l'exemple II.1. La relation « approximativement égal à » est symétrique et réflexive. La relation R définie sur $X = Y = \{x_1, x_2, x_3\}$

est transitive, comme on peut le vérifier en comparant sa matrice avec la matrice de $R \circ R$ indiquée dans l'exemple II.2.

Pour tout $\alpha \in]0, 1]$, on définit la relation non floue R_α de niveau α associée à R, (c'est-à-dire telle que $f_{R_\alpha}(x, y) = 1$ si $f_R(x, y) \geq \alpha$ et $f_{R_\alpha}(x, y) = 0$ sinon). On remarque alors que R est symétrique (respectivement transitive) si et seulement si R_α est une relation non floue symétrique (respectivement transitive max-min) quel que soit $\alpha \in]0, 1]$.

3. **Relations de similarité.** — Certaines relations floues possèdent plusieurs de ces propriétés. Une relation floue symétrique, réflexive et transitive max-min est ainsi appelée *relation de similarité* et elle correspond à l'idée de ressemblance.

Quel que soit α choisi dans $]0, 1]$, la relation R_α de niveau α associée à une relation de similarité est une relation d'équivalence sur X. En faisant varier α de 0 à 1, on obtient des partitions emboîtées de X définies à partir des classes d'équivalence de R_α (fig. II.2) Pour chaque niveau α, x et y appartiennent à une même classe de la partition si et seulement s'ils sont en relation, donc se ressemblent, avec un degré au moins égal à α (fig. II.2).

Si la relation de similarité R est telle que $f_R(x, y) = 1$ si et seulement si $x = y$, on peut lui associer une distance d définie sur X et à valeurs dans $[0, 1]$ par :

$$\forall (x, y) \in X \times X \qquad d(x, y) = 1 - f_R(x, y).$$

Cette distance est ultramétrique puisqu'elle vérifie :

$$\forall (x, y, z) \in X \times X \times X$$
$$d(x, y) \leq \max (d(x, z), d(z, y)).$$

Les relations de similarité interviennent principalement dans les problèmes de classification.

4. **Relations d'ordre floues.** — Une relation floue R réflexive et transitive est un *préordre flou.* Si R est

x \ y	x_1	x_2	x_3	x_4
x_1	1	0.3	0.9	0.5
x_2	0.3	1	0.3	0.3
x_3	0.9	0.3	1	0.5
x_4	0.5	0.3	0.5	1

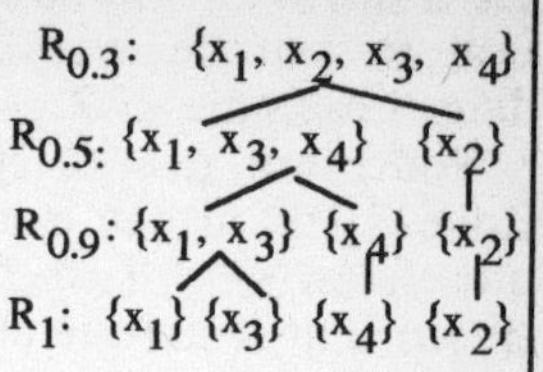

f_R (x,y) pour $X = Y = \{x_1, x_2, x_3, x_4\}$, avec $R = R \circ R$

Fig. II.2. — Partitions emboîtées associées à une relation de similarité R.

de plus antisymétrique, c'est une *relation d'ordre floue* et elle correspond à l'idée de classement ou à la représentation d'antériorité.

Quel que soit α choisi dans $]0, 1]$, la relation R_α de niveau α associée à une relation d'ordre floue est une relation d'ordre partiel sur X.

Les relations d'ordre floues sont utilisées dans des méthodes d'aide à la décision, par exemple pour l'analyse des préférences d'un groupe d'individus, ou encore pour des ordonnancements temporels.

II. — Quantités floues

1. **Intervalles et nombres flous.** — Dans les applications, on utilise souvent comme ensemble de référence X celui des nombres réels **R**, les sous-ensembles flous correspondant à des mesures ou des estimations imprécises de grandeurs réelles (la taille, le prix, la durée...). On choisit des formes simples de fonctions d'appartenance qui sont celles que l'on construit généralement de façon naturelle. On utilise la notion de sous-ensemble flou F *convexe,* qui vérifie $\forall (x, y) \in \mathbf{R} \times \mathbf{R}, \forall z \in [x, y]\ f_F(z)) \geq \min (f_F(x), f_F(y))$. Cette propriété est équivalente au fait que toute α-coupe de F est une partie convexe de **R**.

On considère alors les sous-ensembles flous normalisés Q de **R**, qu'on appelle *quantités floues*. Une *valeur modale* de Q est un élément m de **R** tel que $f_Q(m) = 1$. Tout nombre réel qui appartient tout à fait à Q en est une valeur modale.

Un *intervalle flou* I est une quantité floue convexe. Il correspond à un intervalle de l'ensemble des réels dont les limites sont imprécises. Si sa fonction d'appartenance est semi-continue supérieurement, ses α-coupes sont des intervalles fermés de **R** pour tout $\alpha \in]0, 1]$.

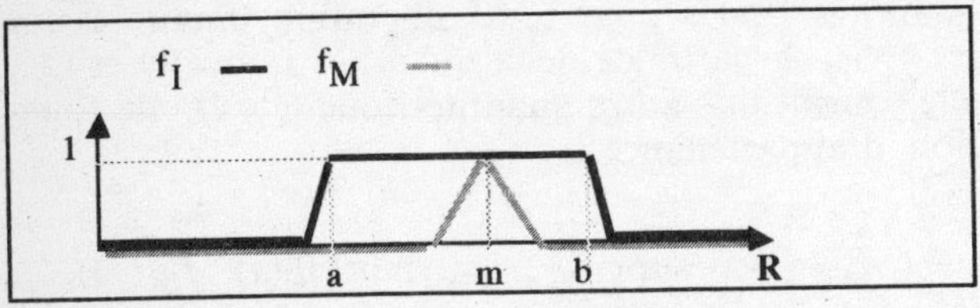

Fig. II.3. — Exemple d'intervalle flou I (approximativement entre *a* et *b*) et de nombre flou M (environ *m*).

Un *nombre flou* M est un intervalle flou de fonction d'appartenance semi-continue supérieurement et de support compact, admettant une unique valeur modale. Il correspond à un nombre réel connu imprécisément.

2. **Principales opérations arithmétiques.** — Il est souvent nécessaire d'effectuer des additions ou des produits dc nombres imprécisément connus (si une pièce mesure environ 10 m de long et environ 3 m de large, quels sont approximativement sa surface et son périmètre?). On doit donc passer des opérations arithmétiques classiques sur les nombres réels à des opérations similaires sur les quantités floues, par l'intermédiaire du principe d'extension.

Une *opération unaire* Δ peut ainsi être définie sur les quantités floues à partir d'une opération unaire φ définie sur **R**. A partir d'une quantité floue Q, elle fournit une autre quantité floue ΔQ de fonction d'appartenance :

$$\forall z \in \mathbf{R} \quad f_{\Delta Q}(z) = \sup_{z=\varphi x} f_Q(x).$$

En particulier, l'*opposé,* noté $-Q$, d'une quantité floue Q, est tel que pour tout $z \in \mathbf{R}$, $f_{-Q}(z)=f_Q(-z)$. L'*inverse* de Q, noté 1/Q, est tel que $\forall z \in \mathbf{R}$, $z \neq 0$ $f_{1/Q}(z) = f_Q(1/z)$. Par exemple, l'opposé du nombre flou « environ 3 » peut être exprimé comme « environ-3 » et son inverse comme « environ 1/3 ».

Une *opération binaire* $*$ peut être définie sur les quantités floues pour toute opération binaire ψ sur les réels. A partir de deux quantités floues Q et Q′, elle fournit une autre quantité floue $Q * Q'$ de fonction d'appartenance :

$$\forall z \in \mathbf{R}$$
$$f_{Q*Q'}(z) = \sup_{\{(x,\, y)/z=x\psi y\}} \min(f_Q(x),\ f_{Q'}(y)).$$

Si l'opération ψ est commutative, $*$ l'est aussi. Si l'opération ψ est associative, $*$ l'est également.

En particulier, on définit la somme, le produit, la différence, le quotient de deux quantités floues Q et Q′ comme les quantités floues notées respectivement $Q \oplus Q'$, $Q \otimes Q'$, $Q \ominus Q'$ et $Q \oslash Q'$ de fonctions d'appartenance définies pour tout $z \in \mathbf{R}$ par :

$$f_{Q\oplus Q'}(z) = \sup_{\{(x,\, y)/z=x+y\}} \min(f_Q(x),\ f_{Q'}(y))$$
$$f_{Q\otimes Q'}(z) = \sup_{\{(x,\, y)/z=x.y\}} \min(f_Q(x),\ f_{Q'}(y))$$
$$f_{Q\ominus Q'}(z) = \sup_{\{(x,\, y)/z=x-y\}} \min(f_Q(x),\ f_{Q'}(y))$$
$$f_{Q\oslash Q'}(z) = \sup_{\{(x,\, y)/z=x/y\}} \min(f_Q(x),\ f_{Q'}(y))$$

telles que $Q \ominus Q' = Q \oplus (-Q')$ et $Q \oslash Q' = Q \otimes (1/Q')$.

3. **Intervalles flous de type L-R.** — Pour certaines formes des fonctions d'appartenance définissant les quantités floues, il est simple d'effectuer les opérations que nous venons de définir. C'est le cas pour les intervalles flous I qui sont dits de *type L-R*, c'est-à-dire dont les fonctions d'appartenance f_I sont cons-

truites à partir de quatre paramètres (m, m', a, b), m et m' réels, a et b strictement positifs, et de deux fonctions, notées L et R, définies sur l'ensemble des réels positifs, à valeurs dans [0, 1], semi-continues supérieurement, non-croissantes, telles que $L(0) = R(0) = 1$, $L(1)=0$ ou $L(x) > 0$ $\forall x$ avec $\lim_{x \to \infty} L(x)=0$, $R(1)=0$ ou $R(x) > 0$ $\forall x$ avec $\lim_{x \to \infty} R(x) = 0$. Ils sont définis par :

$$
\begin{array}{ll}
f_I(x) = L((m - x)/a) & \text{si } x \leq m, \\
f_I(x) = 1 & \text{si } m < x < m', \\
f_I(x) = R((x - m')/b) & \text{si } x \geq m'.
\end{array}
$$

On note alors $I = (m, m', a, b)_{LR}$ un intervalle flou de type L-R et, comme cas particulier correspondant à $m = m'$, $M = (m, a, b)_{LR}$ un nombre flou de type L-R.

Les quantités floues ont souvent des fonctions d'appartenance linéaires par morceaux (forme trapézoïdale pour les intervalles flous, forme triangulaire pour les nombres flous, telles que celles indiquées dans la figure II.3). Elles sont alors de type L-R pour $R(x) = L(x) = \max(0, 1 - x)$. On peut également utiliser pour L et R les fonctions $\max(0, 1 - x^2)$, $\max(0, 1 - x)^2$, e^{-x} par exemple.

Etant donné deux intervalles flous du même type L-R, $I = (m, m', a, b)_{LR}$ et $J = (n, n', c, d)_{LR}$, les opérations indiquées ci-dessus s'expriment par :

$$
\begin{array}{l}
- I = (- m', - m, b, a)_{RL} \\
I \oplus J = (m + n, m' + n', a + c, b + d)_{LR} \\
I \ominus J = (m - n', m' - n, a + d, b + c)_{LR} \quad \text{si } L = R,
\end{array}
$$

$I \otimes J$ n'est, par contre, généralement pas du type L-R, mais on peut en donner la valeur approchée suivante :

$$I \otimes J = (mn, m'n', mc + na, md + nb)_{LR},$$

lorsque I et J ont un support positif, que a et b sont petits devant m, c et d petits devant n.

4. **Relations floues sur des quantités floues.** — Des grandeurs réelles peuvent être comparées à l'aide de relations floues, qui assouplissent l'égalité et la relation d'ordre classiques par exemple.

Si l'une de ces grandeurs a pour valeur une quantité floue N, la relation R qui la lie à la seconde variable permet de donner la valeur floue de celle-ci comme une quantité floue M de fonction d'appartenance :

$$\forall x \in \mathbf{R} \quad f_M(x) = \sup_{y \in \mathbf{R}} \min(f_R(x, y), \quad f_N(y)).$$

Exemple II.4 : Pour deux nombres réels x et y, la relation « y est vraiment plus grand que x » peut être définie par la relation floue R de fonction d'appartenance :

$$\forall (x, y) \in \mathbf{R}^2$$
$$f_R(x, y) = \min(1, (y - x)/\beta) \quad \text{si } y \geq x, \ \beta \geq 0,$$
$$= 0 \text{ sinon.}$$

Supposons que la longueur soit ainsi vraiment plus grande que la largeur et qu'elle soit évaluée par le nombre flou triangulaire N = (m, a, a), pour $0 < a < m$. La relation précédente permet de déduire que la largeur peut être décrite par l'intervalle flou trapézoïdal M = $(0, m - \beta, 0, a + \beta)$.

III. — Mesures d'imprécision

Il est parfois utile de déterminer dans quelle mesure des sous-ensembles flous sont imparfaitement définis, de façon à choisir parmi eux celui qui est le moins flou lorsque l'on a pour souci de déterminer une caractérisation aussi nette que possible (pour une prise de décision par exemple), ou au contraire celui qui est le moins spécifique lorsque l'on veut conserver autant de souplesse qu'il est possible dans une description (pour l'agrégation d'informations différentes sur une même grandeur par exemple). On définit donc une *mesure d'imprécision* sur l'ensemble **F(X)** des sous-ensembles flous d'un ensemble de référence X. Elle évalue l'imperfection d'un sous-ensemble flou en termes d'écart par rapport à la définition d'une partie non floue de X, en termes de précision, de spécificité. On donne ici quelques exemples de telles mesures.

1. **Degré de flou.** — Un *degré de flou d* estime dans quelle mesure l'appartenance et la non appartenance à la classe floue F de X sont différenciées et il est d'autant plus petit que F est éloigné d'un sous-ensemble ordinaire de X. C'est une grandeur définie sur **F**(X), à valeurs dans l'ensemble des réels, qui possède les propriétés suivantes pour tout $F \in \mathbf{F}(X)$:

– $d(F) = 0$ si et seulement si F est un sous-ensemble ordinaire de X.

– $d(F)$ est maximale si et seulement si f_F prend la seule valeur 1/2 (flou uniforme).

– $d(F') \leq d(F)$ si et seulement si $F' \leq_1 F$, pour une relation d'ordre partiel $\leq_1$ sur **F**(X) telle que $f_{F'}$ est au plus (respectivement au moins) égal à f_F pour tous les points x de X pour lesquels $f_F \leq 1/2$ (respectivement $f_F \geq 1/2$) (fig. II.4*a*).

Exemples de degrés de flou :

- $d_1(F) = -\Sigma_{x \in X}[f_F(x) \log_2 f_F(x) + (1 - f_F(x)) \log_2 (1 - f_F(x))$

(introduits par De Luca et Termini),

- $d_2(F) = \Sigma_{x \in X} \mid f_F(x) - f_C(x) \mid$,
- $d_3(F) = [\Sigma_{x \in X}(f_F(x) - f_C(x))^2]^{1/2}$

(introduits par Kaufmann), où C est le sous-ensemble non flou de X tel que $f_C(x) = 0$ si $f_F(x) \leq 1/2$, $f_C(x) = 1$ si $f_F(x) > 1/2$.

Exemple II.5 : Soit $X = \{a, b, c, d\}$ et les sous-ensembles flous : $F = 0{,}8/a + 0{,}6/b + 0{,}4/c + 0{,}2/d$, $F' = 1/a + 0{,}7/b + 0{,}3/c + 0/d$, tels que $F' \leq_1 F$,

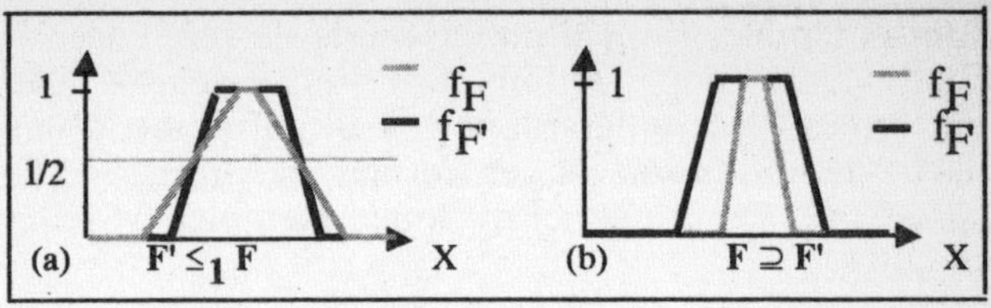

Fig. II.4. — Relations d'ordre partielles sur F(X).

satisfaisant $d(F') \leq d(F)$. On calcule $d_1(F) = 2{,}46$, $d_1(F') = 0{,}32$; $d_2(F) = 1{,}2$, $d_2(F') = 0{,}6$; $d_3(F) = 0{,}63$, $d_3(F') = 0{,}42$.

2. **Mesures de spécificité.** — Une *mesure de spécificité* évalue dans quelle mesure un sous-ensemble flou F est proche de la détermination d'un élément unique de X comme valeur d'une variable V définie sur X, c'est-à-dire dans quelle mesure il est spécifique. C'est une grandeur S*p* définie sur **F**(X), à valeurs dans [0, 1], telle que :

— S*p*(F) est maximale et égale à 1 si et seulement si F est un sous-ensemble de X réduit à un élément (singleton).

— $Sp(F) \geq Sp(F')$ si et seulement si $F' \supseteq F$ (fig. II.4*b*).

Exemple de mesure de spécificité (proposé par Yager), pour les sous-ensembles flous normalisés :

$$Sp_1(F) = \int_0^1 1 / |F_\alpha| \, d\alpha,$$

où $|F_\alpha|$ est le cardinal de la α-coupe F_α de F.

Si X est fini, cette formule s'exprime en fonction de la suite rangée en ordre décroissant $g_1, g_2, \ldots$ de tous les coefficients $f_F(x)$, par :

$$Sp_1(F) = \Sigma_{i=1,2,\ldots} [g_i - g_{i+1}]/i,$$

Une *mesure de non-spécificité* est une grandeur U définie sur **F**(X), à valeurs dans [0, $+\infty$), telle que :

— U(F) est minimale et égale à 0 si et seulement si F est un sous-ensemble de X réduit à un élément.

— U(F′) $\geq$ U(F) si et seulement si F′ $\supseteq$ F.

Exemple de mesure de non-spécificité

$$U_1(F) = \int_0^1 \log_2 (|F_\alpha|) d\alpha,$$

proposée par Higashi et Klir, qui s'écrit, dans le cas où X est fini,

$$U_1(F) = \Sigma_{i=1,2,\dots} [g_i - g_{i+1}] \log_2 i.$$

Exemple II.6 : Soit encore X = $\{a, b, c, d\}$ et les sous-ensembles flous suivants : $F = 1/a + 0{,}6/b + 0{,}4/c + 0{,}2/d$, $F'' = 1/a + 0{,}3/b + 0{,}2/c + 0{,}1/d$, tels que $F \supseteq F''$. On calcule $Sp_1(F) = 1{,}2$, $Sp_1(F'') = 1{,}4$; $U_1(F) = 0{,}26$, $U_1(F'') = 0{,}52$.

Chapitre III

THÉORIE DES POSSIBILITÉS

La théorie des sous-ensembles flous présente au moins deux intérêts : d'abord, elle permet de modéliser des connaissances imprécises (par exemple une approximation d'une valeur numérique, comme « à peu près 3,80 m ») ou vague (par exemple une description exprimée en langage naturel, comme « haut »), ce que très peu d'autres méthodologies autorisent. Ensuite, elle est le seul moyen de traiter dans un même cadre des connaissances fournies numériquement, par des instruments de mesure, et des connaissances exprimées symboliquement, par un observateur humain par exemple. Elle ne permet cependant pas de manipuler dans un même formalisme des imprécisions et des incertitudes. Or ces deux types d'imperfections dans les connaissances sont intimement liés, ne serait-ce que par le fait que, dans bien des cas, plus on exige de précision dans l'énoncé d'une assertion, moins l'assertion est certaine (exemple de dialogue : « Quel âge a-t-il? Une trentaine d'années. Vous en êtes certain? Absolument. C'est bien imprécis! En fait, je crois qu'il a 31 ans, mais je n'en suis pas sûr. »). D'autre part, un raisonnement basé sur des connaissances imprécises engendre souvent des incertitudes sur la décision finale à laquelle il conduit (par exemple : si un individu a plus de 18 ans, il a le droit de voter. Or, on sait que Pierre a environ 18 ans, a-t-il le droit de voter? C'est tout à fait possible, mais pas certain).

La théorie des possibilités a été introduite en 1978 par L. A. Zadeh, en liaison avec la théorie des sous-ensembles flous, pour permettre de raisonner sur des connaissances imprécises ou vagues, en introduisant un moyen de prendre en compte des incertitudes sur ces connaissances.

Les développements auxquels cette introduction a conduit constituent une méthode pour formaliser des incertitudes de nature non probabiliste sur des événements, c'est-à-dire un moyen de dire dans quelle mesure la réalisation d'un événement est possible et dans quelle mesure on en est certain, sans toutefois avoir à sa disposition l'évaluation de la probabilité de cette réalisation, par exemple parce qu'on ne connaît pas d'événement analogue auquel se référer. Supposons que l'on pose la question suivante : « M. Dupont sera-t-il dans son bureau le lundi 6 janvier ? ». Pour y répondre, il est difficile de savoir si l'on doit considérer ce que M. Dupont a fait tous les lundis précédents, ou ce qu'il fait chaque premier lundi du mois, ou encore de l'année, ce qu'il fait généralement pendant le mois de janvier... Sa secrétaire est néanmoins capable de dire s'il est possible de répondre positivement à la question, et avec quelle certitude, par une approche subjective du problème.

La théorie des possibilités va être présentée dans ce qui suit sous sa forme générale. Elle sera ensuite placée dans le cadre de la théorie de l'évidence, qui met en évidence un parallélisme par rapport à la théorie des probabilités, montrant en quoi ces deux théories sont proches, mais montrant également ce qui fait leur différence fondamentale.

I. — Mesure et distribution de possibilité

1. **Mesure de possibilité.** — Etant donné un ensemble de référence fini X, on attribue à chaque événement défini sur X, c'est-à-dire à tout sous-ensemble de X, un coefficient compris entre 0 et 1 évaluant à quel point cet événement est possible. Pour définir ce coefficient, on introduit une *mesure de pos-*

sibilité Π, qui est une fonction définie sur l'ensemble **P**(X) des parties de X, prenant ses valeurs dans [0, 1], telle que :

i) $\Pi(\varnothing) = 0, \quad \Pi(X) = 1,$
ii) $\forall A_1 \in \mathbf{P}(X), \quad A_2 \in \mathbf{P}(X)\ldots$

$$\Pi(\cup_{i=1,2\ldots} A_i) = \sup_{i=1,2\ldots} \Pi(A_i),$$

où sup indique le supremum des valeurs concernées, c'est-à-dire la plus grande d'entre elles dans le cas fini.

La propriété (ii) se réduit dans le cas de deux parties à :

$$\forall (A, B) \in \mathbf{P}(X)^2 \quad \Pi(A \cup B) = \max(\Pi(A), \Pi(B)),$$

ce qui exprime que la réalisation de l'un des deux événements A ou B, pris indifféremment, est affectée du même coefficient de possibilité que la réalisation de l'événement le plus possible. Un événement est tout à fait possible si la mesure de sa possibilité est égale à 1, et impossible si celle-ci est nulle.

Exemple III.1 : Soit X l'ensemble des jours d'une semaine. Supposons qu'il soit tout à fait possible que la nomination du directeur soit annoncée lundi ou mardi, Π({lundi, mardi}) = 1, et relativement possible qu'elle le soit mercredi, Π({mercredi}) = 0,8. Il est alors tout à fait possible que cette nomination soit annoncée lundi, mardi ou mercredi, avec Π({lundi, mardi, mercredi}) = max(1, 0,8) = 1.

On remarque que le coefficient attribué à l'intersection d'événements, c'est-à-dire la valeur de la mesure de possibilité associée à l'intersection de parties de X, n'est pas donné par les conditions (i) et (ii) qui définissent cette mesure. Celles-ci imposent cependant que ce coefficient soit toujours majoré par le plus petit des coefficients attribués à chacun des deux événements. Une mesure de possibilité vérifie :

$$\forall (A, B) \in \mathbf{P}(X)^2 \quad \Pi(A \cap B) \leq \min(\Pi(A), \Pi(B)).$$

En particulier, deux événements peuvent être possibles ($\Pi(A) \neq 0$, $\Pi(B) \neq 0$), mais leur occurrence simultanée impossible ($\Pi(A \cap B) = 0$).

Exemple III.2 : Reprenons les conditions de l'exemple III.1 et ajoutons qu'il est impossible que la nomination soit annoncée jeudi ($\Pi(\{jeudi\}) = 0$). On obtient alors pour A = {lundi, mardi, jeudi}, $\Pi(A) = \max(1, 0) = 1$, pour B = {mercredi, jeudi}, $\Pi(B) = \max(0{,}8, 0) = 0{,}8$, mais l'intersection de A et de B, soit {jeudi}, est affectée de $\Pi(A \cap B) = 0$.

On déduit également des conditions (*i*) et (*ii*) la monotonie de Π relativement à l'inclusion des parties de X, exprimant que si la partie A contient la partie B, alors A est au moins aussi possible que B :

$$\text{si } A \supseteq B, \quad \text{alors } \Pi(A) \geq \Pi(B).$$

On déduit également que, si l'on étudie un événement quelconque sur X et son contraire, l'un au moins d'entre eux est tout à fait possible, ce qui veut dire que toute partie A de X vérifie $\Pi(A) = 1$ ou est telle que son complémentaire A^c relativement à X vérifie lui-même $\Pi(A^c) = 1$. Les propriétés suivantes sont satisfaites :

$$\forall A \in \mathbf{P}(X) \quad \max(\Pi(A), \Pi(A^c)) - 1,$$
$$\Pi(A) + \Pi(A^c) \geq 1.$$

On remarque donc que le coefficient de possibilité attribué à une partie A de X n'influe que modérément sur le coefficient attribué à son complémentaire A^c. Si le premier n'est pas égal à 1, le second doit l'être; sinon, celui-ci a une valeur quelconque.

2. **Distribution de possibilité.** — Une mesure de possibilité est totalement définie si l'on attribue un coefficient de possibilité à toute partie de l'ensemble de référence X. Elle est définie plus simplement si l'on indique les coefficients attribués seulement aux parties élémentaires de X, une partie quelconque étant

l'union de parties élémentaires et pouvant être affectée d'un coefficient de possibilité en se servant de la condition (ii).

Pour cela, on utilise une autre fonction qui attribue des coefficients compris entre 0 et 1 à tout élément de X, et non plus à toute partie de X. On appelle donc *distribution de possibilité* π une fonction définie sur X, prenant ses valeurs dans [0, 1], satisfaisant la condition de normalisation suivante :

$$\sup_{x \in X} \pi(x) = 1.$$

Mesure et distribution de possibilité peuvent être associées. A partir d'une distribution π, qui attribue un coefficient de possibilité à chaque élément de X, on construit une mesure de possibilité Π en considérant, pour toute partie de X, les coefficients des éléments de X qui la composent. On définit alors :

$$\forall A \in \mathbf{P}(X) \quad \Pi(A) = \sup_{x \in A} \pi(x).$$

On vérifie que Π ainsi définie satisfait les propriétés (i) et (ii), ce qui fait d'elle une mesure de possibilité. A partir de π, on construit donc Π.

Réciproquement, toute mesure de possibilité Π attribue un coefficient de possibilité à toutes les parties de X, donc en particulier à celles réduites à un seul élément. On peut donc s'en servir pour définir une distribution de possibilité affectant un coefficient à chaque élément de X. La mesure Π est alors utilisée pour définir une fonction π par :

$$\forall x \in X \quad \pi(x) = \Pi(\{x\}),$$

dont on montre qu'elle satisfait la condition de normalisation, ce qui fait d'elle une distribution de possibilité. A partir de Π, on construit donc π.

Remarque : Une mesure de possibilité Π peut être définie, pour toute partie A de X, par référence à un sous-ensemble fixé S de X par $\Pi(A) = 1$ si $A \cap S \neq \varnothing$, $\Pi(A) = 0$ sinon, en indiquant dans quelle mesure il est possible que la valeur d'une variable définie sur X se trouve dans A, sachant qu'elle est dans le sous-ensemble S.

Exemple III.3 : Considérons l'ensemble de référence X des entiers inférieurs à 100 et la possibilité qu'un certain nombre de personnes se trouvent dans un wagon de métro. La configuration du wagon permet par exemple une distribution de possibilité π donnée dans la figure III.1, dans laquelle $\pi(x)$ exprime le degré avec lequel il est possible que x personnes se trouvent dans un wagon. La mesure de possibilité correspondante satisfait par exemple $\Pi([70, 82]) = 1$, exprimant le degré avec lequel il est tout à fait possible que le nombre de personnes se trouvant dans un wagon soit compris entre 70 et 82, $\Pi([90, 100]) = 0$ et plus généralement $\Pi([a, b]) = \pi(a)$ pour tout $0 \leq a \leq b$ en raison de la monotonie de π. Notons la différence avec la probabilité qu'un certain nombre de personnes se trouvent dans le wagon. En particulier, on remarque que $\Pi([0, 70]) = \Pi([71, 100]) = 1$, c'est-à-dire que les deux intervalles complémentaires sont tous deux absolument possibles.

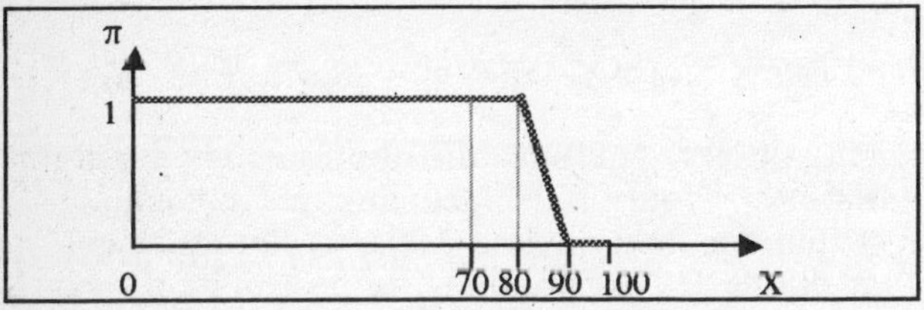

Fig. III.1. — Exemple de distribution de possibilité.

3. **Distribution de possibilité conjointe.** — Etant donné deux ensembles de référence X et Y, on s'intéresse au degré avec lequel chacun des couples (x, y), avec $x \in X$ et $y \in Y$, est possible. On définit alors une distribution de possibilité sur le produit carté-

sien X × Y, que l'on appelle *distribution de possibilité conjointe* $\pi(x, y)$, pour tout $x \in X$ et $y \in Y$. Elle exprime les influences respectives de la prise en considération de l'élément x de X et de celle de l'élément y de Y et indique dans quelle mesure il est possible qu'ils apparaissent simultanément.

Cette connaissance globale sur X × Y fournit une information sur chacun des ensembles de référence X et Y pris individuellement. On fait correspondre à la distribution de possibilité conjointe π une *distribution de possibilité marginale* définie sur X par exemple, en conservant la plus grande valeur de π relativement à l'ensemble de référence Y dont on se désintéresse momentanément :

$$\forall x \in X \; \pi_X(x) = \sup_{y \in Y} \pi(x, y).$$

On définit de même la distribution de possibilité marginale sur Y par :

$$\forall y \in Y \; \pi_Y(y) = \sup_{x \in X} \pi(x, y).$$

Ces deux égalités impliquent que tout $\pi_X(x)$ et tout $\pi_Y(y)$ soient au moins égaux à $\pi(x, y)$, quels que soient x et y, donc :

$$\forall x \in X \quad \forall y \in Y \quad \pi(x, y) \leq \min(\pi_X(x), \quad \pi_Y(y)).$$

On observe qu'une distribution de possibilité conjointe π fournit de façon unique un couple de distributions marginales. Mais, réciproquement, si l'on donne les distributions de possibilité π_X sur X et π_Y sur Y, la définition de π dépend des interactions entre les ensembles de référence X et Y. Si celles-ci sont inconnues, on ne peut pas préciser π, on sait seulement que $\pi(x, y)$ admet pour borne supérieure $\min(\pi_X(x), \; \pi_Y(y))$.

Les ensembles de référence sont dits *non-interactifs* si :

$$\forall x \in X \quad \forall y \in Y \quad \pi(x, y) = \min(\pi_X(x), \; \pi_Y(y)),$$

cette distribution de possibilité conjointe particulière étant la plus grande de celles compatibles avec des distributions marginales données π_X et π_Y. Deux variables respectivement définies sur ces univers sont alors également dites *non-interactives*.

L'influence réciproque des ensembles de référence peut également être étudiée par l'intermédiaire du degré avec lequel un élément y de Y est possible, sachant que l'élément x de X est pris en considération. On définit donc une *distribution de possibilité conditionnelle* $\pi_{Y/X}$ de telle sorte que :

$$\forall x \in X \quad \forall y \in Y \quad \pi(x, y) = \pi_{Y/X}(x, y) * \pi_X(x),$$

pour un opérateur de combinaison $*$ qui est généralement le minimum ou le produit.

Exemple III.4. Poursuivons l'exemple III.3 et considérons de plus l'ensemble Y des heures de la journée, π_Y étant le degré avec lequel il est possible qu'il y ait des personnes dans un wagon de métro. Par exemple $\pi_Y(y) = 0$ pour $y \in]0\,h\,30, 5\,h\,30[$, $\pi_Y(y) = 1$ pour tout autre y. Pour un nombre x de personnes présentes dans un wagon et une heure y, on définit le degré $\pi(x, y)$ avec lequel le couple (x, y) est possible. Comme la valeur de y a une influence sur celle de x, les ensembles de référence ne sont pas non-interactifs. Par exemple $\pi_X(60) = 1$, $\pi_Y(7) = 1$, mais $\pi(60, 7) = 0{,}05$. On définit aussi le degré $\pi_{Y/X}(x, y)$ avec lequel il est possible que l'heure soit y, sachant qu'il y a x personnes dans un wagon. Par exemple $\pi_{Y/X}(60, 18) = 1$, compatible avec $\pi(60, 18) = 1$ par $\pi(60, 18) = \min(\pi_{Y/X}(60, 18), \pi_X(60))$.

II. — Mesure de nécessité

1. **Définition.** — Une mesure de possibilité fournit une information sur l'occurrence d'un événement A relatif à un ensemble de référence X, mais elle ne suffit pas pour décrire l'incertitude existante sur cet

événement. Par exemple, si $\Pi(A) = 1$, il est tout à fait possible que A soit réalisé, mais on peut avoir en même temps $\Pi(A^c) = 1$, ce qui exprime une indétermination complète sur la réalisation de A, ou $\Pi(A^c) = 0$, ce qui met en évidence le fait que A seul peut être réalisé, et qu'on est donc certain de sa réalisation. Pour compléter l'information sur A, on indique le degré avec lequel la réalisation de A est certaine, par l'intermédiaire d'une mesure de nécessité, grandeur duale d'une mesure de possibilité. Elle attribue, elle aussi, un coefficient compris entre 0 et 1 à toute partie de X, mais elle possède des propriétés différentes de celles d'une mesure de possibilité.

Une *mesure de nécessité* est une fonction définie sur l'ensemble $\mathbf{P}(X)$ des parties de X, à valeurs dans [0, 1], telle que :

iii) $N(\varnothing) = 0$, $N(X) = 1$,
iv) $\forall A_1 \in \mathbf{P}(X)$, $A_2 \in \mathbf{P}(X)\ldots$

$$N(\cap_{i=1,2\ldots} A_i) = \inf_{i=1,2\ldots} N(A_i),$$

où inf indique l'infimum des valeurs concernées, c'est-à-dire la plus petite d'entre elles dans le cas fini.

La propriété (iv) se réduit dans le cas de deux parties à :

$$\forall (A, B) \in \mathbf{P}(X)^2 \quad N(A \cap B) = \min(N(A), N(B)).$$

Elle impose la monotonie de N, une partie A de X qui contient une partie B correspondant à une plus grande nécessité que celle de B :

si $A \supseteq B$, alors $N(A) \geq N(B)$.

La valeur de la mesure de nécessité associée à l'union de parties de X n'est pas donnée, mais elle vérifie, en raison de cette monotonie :

$$\forall (A, B) \in \mathbf{P}(X)^2 \quad N(A \cup B) \geq \max(N(A), N(B)).$$

On déduit aussi une liaison entre la nécessité d'un événement quelconque A et celle de son complémentaire A^c :

$$\forall A \in \mathbf{P}(X) \quad \begin{aligned} &\min(N(A), N(A^c)) = 0 \\ &N(A) + N(A^c) \leq 1, \end{aligned}$$

liaison relativement faible puisque, si N(A) n'est pas nulle, $N(A^c)$ doit l'être, sinon $N(A^c)$ peut prendre n'importe quelle valeur.

Remarque : Une mesure de nécessité N peut être définie pour toute partie A de X, à partir d'un sous-ensemble fixé S de X, par : N(A) = 1 si $A \supseteq S$, N(A) = 0 sinon, indiquant dans quelle mesure il est nécessairement vrai que la valeur d'une variable définie sur X se trouve dans A, sachant qu'elle est dans S.

2. **Relations entre mesures de possibilité et de nécessité.** — Les propriétés imposées aux mesures de possibilité et de nécessité suggèrent qu'elles sont associées. Plus précisément, sur un ensemble de référence X, une mesure de nécessité N peut être obtenue à partir de la donnée d'une mesure de possibilité Π, par l'intermédiaire du complémentaire A^c de toute partie A de X :

$$\forall A \in \mathbf{P}(X) \quad N(A) = 1 - \Pi(A^c).$$

Plus un événement A est affecté d'une grande nécessité, moins l'événement complémentaire A^c est possible, donc plus on est certain de la réalisation de A. Π(A) mesure le degré avec lequel l'événement A est susceptible de se réaliser, N(A) indique le degré de certitude que l'on peut attribuer à cette réalisation.

La réalisation de l'événement A est certaine (N(A) = 1) si et seulement si celle de son complémentaire A^c est impossible ($\Pi(A^c) = 0$, donc Π(A) = 1).

Si la mesure de possibilité Π est définie à partir

d'une distribution de possibilité π, on peut définir la mesure de nécessité N duale de Π par :

$$\forall A \in \mathbf{P}(X) \quad N(A) = \inf_{x \notin A}(1 - \pi(x)).$$

La dualité entre Π et N apparaît encore dans les relations suivantes, quelle que soit la partie A de X :

$$\Pi(A) \geq N(A),$$
$$\max(\Pi(A),\ 1 - N(A)) = 1.$$

Les relations précédentes imposent que, si $N(A) \neq 0$, alors $\Pi(A) = 1$, ce qui veut dire que tout événement dont on est, au moins un peu, certain est tout à fait possible. De même, si $\Pi(A) \neq 1$, alors $N(A) = 0$, ce qui s'interprète en disant qu'on ne peut avoir la moindre certitude sur un événement qui n'est que relativement possible.

Exemple III.5 : Reprenant l'exemple III.3, et la figure III.1, on peut dire que la certitude sur le fait que le nombre de voyageurs dans un wagon est au plus égal à 80 vaut $N([0, 80]) = 1 - \Pi([81, 100]) = 1 - \pi(81) = 0{,}1$. On n'est pas certain de ce fait puisqu'il est encore possible, avec un degré de possibilité 0,9, que le nombre de voyageurs soit de 81.

III. — Comparaison entre possibilité et probabilité

Les mesures de possibilité, comme de nécessité, constituent des moyens de représentation d'incertitudes, comme les mesures de probabilité. Leurs propriétés en sont différentes, mais elles leur sont cependant comparables. De même, les propriétés des distributions de possibilité peuvent être comparées à celles des distributions de probabilité. La figure III.2 met en évidence les principaux points de comparaison, et on observe que les égalités ont des formes analogues, excepté le fait que toute addition de la théorie des probabilités est remplacée, dans la théorie des possibilités, par un maximum et que tout produit est remplacé par un minimum. Cette démarche revient à utiliser une t-conorme plutôt qu'une autre ($\perp_{Zadeh}$, $\perp_{probabiliste}$), une t-norme plutôt qu'une autre (T_{Zadeh}, $T_{probabiliste}$). Les propriétés similaires sont soumises à moins de contraintes dans la théorie des possibilités que dans celle des probabilités et les valeurs des mesures et distributions sont choisies avec plus de liberté, dans le cas des possibilités que dans le cas des probabilités.

POSSIBILITES	PROBABILITES
distribution π, mesure Π	distribution p, probabilité P
$\sup_{x \in X} \pi(x) = 1$	$\Sigma_{x \in X}\, p(x) = 1$
$\forall (A, B) \in P(X)^2$:	$\forall (A, B) \in P(X)^2$:
$\Pi(A) = \sup_{x \in A} \pi(x)$	$P(A) = \Sigma_{x \in A}\, p(x)$
$\Pi(A \cup B) = \max(\Pi(A), \Pi(B))$	$P(A \cup B) = P(A) + P(B)$ si $A \cap B = \emptyset$
$N(A \cap B) = \min(N(A), N(B))$	$P(A \cap B) = P(A)P(B)$ si indépendance
$\max(\Pi(A), \Pi(A^c)) = 1$	
$\Pi(A) + \Pi(A^c) \geq 1$	$P(A) + P(A^c) = 1$
$N(A) + N(A^c) \leq 1$	
$\forall x \in X\ \pi(x) = 1$ (ignorance)	$\forall x \in X\ p(x) = 1 / \lvert X \rvert$

Fig. III.2. — Comparaison des principales formules de la théorie des possibilités et de celle des probabilités, pour X fini.

IV. — Possibilité et nécessité de sous-ensembles flous

Les notions de possibilité et de nécessité ont été introduites pour quantifier la certitude sur un événement, c'est-à-dire qu'elles s'appliquent à des classes ordinaires d'un ensemble de référence X. Lorsque les classes que l'on étudie sont floues, on peut indiquer dans quelle mesure elles sont possibles et elles sont certaines, étant données des connaissances préalables sur l'ensemble de référence X. Par exemple, sachant que la taille d'un individu est grande, dans quelle mesure peut-on considérer qu'il mesure approximativement entre 165 et 175 cm? On répond à cette question en faisant intervenir deux coefficients, l'un de possibilité, l'autre de nécessité, qui donnent une information globale sur la classe floue considérée.

Premier type de connaissance préalable sur X : celle-ci est fournie par un sous-ensemble de référence A de X. Un autre sous-ensemble flou F de X est d'autant plus acceptable qu'il est compatible avec A. On évalue alors la *possibilité de F relative à A :*

$$\Pi(F; A) = \sup_{x \in X} \min(f_F(x), f_A(x)),$$

qui mesure le degré maximal avec lequel un élément x de X peut appartenir à la fois à F et à A. On remarque que $\Pi(F; A) = 0$ indique que $F \cap A = \varnothing$ et que $\Pi(F; A) = 1$ indique que $F \cap A \neq \varnothing$.

De façon duale, la *nécessité de F relative à A* est définie par $N(F; A) = 1 - \Pi(F^c; A)$, soit :

$$N(F; A) = \inf_{x \in X} \max(f_F(x), 1 - f_A(x)),$$

qui est maximale et égale à 1 si $F \supseteq A$.

La *compatibilité de F relativement à A* peut être mesurée par un coefficient résumant les deux coefficients précédents :

$$c(F; A) = [\Pi(F; A) + N(F; A)]/2,$$

qui satisfait $c(F; A) + c(F^c; A) = 1$.

Second type de connaissance préalable sur X : on sait quelles sont les valeurs possibles de l'ensemble de référence X, la *possibilité d'un sous-ensemble flou* F de X est évaluée par référence à une distribution de possibilité π sur X comme :

$$\Pi(F) = \sup_{x \in X} \min(f_F(x), \pi(x)),$$

et sa *nécessité* s'en déduit par $N(F) = 1 - \Pi(F^c)$, soit :

$$N(F) = \inf_{x \in X} \max(f_F(x), 1 - \pi(x)).$$

Ces deux coefficients permettent d'évaluer la compatibilité d'une description floue F avec une distribution de possibilité connue.

Exemple III.6 : Considérons à nouveau la variable linguistique (V, X, T) où X = [0, 100] et V est le nombre de personnes dans un wagon, comme dans l'exemple III.3. Supposons que ce nombre soit indiqué comme F = « aux alentours de 85 » par un observateur, avec une représentation triangulaire $(85, 5, 5)_{LR}$ indiquée dans la figure III.3. On en déduit une appréciation sur cette indication, donnée par sa possibilité $\Pi(F) = 2/3$ et sa nécessité, donc une certitude sur sa véracité $N(F) = 0$.

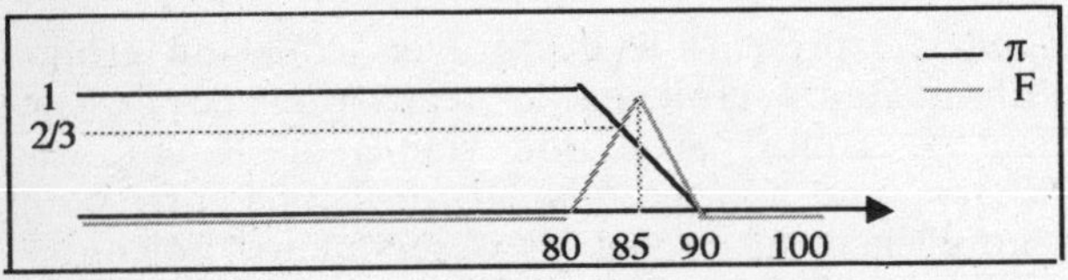

Fig. III.3. — Compatibilité du sous-ensemble flou F avec la distribution de possibilité μ.

Les utilisations de tels coefficients existent par exemple en intelligence artificielle pour comparer une proposition floue observée « V est F » à une proposition floue de référence « V est A ».

V. — Mesures de possibilité et fonctions de croyance

Les mesures de possibilité peuvent être placées dans le cadre d'une théorie plus générale sur les fonctions de croyance, qui a l'intérêt de les situer par rapport aux probabilités. Théorie des possibilités et théorie des probabilités apparaissent comme descendantes d'un ancêtre commun, la théorie de l'évidence. Ceci met en évidence, d'une part, la raison pour laquelle elles ont des propriétés similaires ainsi qu'il a été montré dans le paragraphe III, et d'autre part le fait qu'elles ne peuvent être confondues puisqu'elles reposent sur des assertions incompatibles.

Les *fonctions de croyance* concernent la modélisation et la quantification de la crédibilité attribuée à des faits. La *théorie de l'évidence* de Shafer considère un univers de référence fini X sur lequel sont déterminés des coefficients de croyance, obtenus en répartissant une masse globale de croyance égale à 1 entre tous les événements possibles. Une masse m attribue un coefficient entre 0 et 1 aux parties de X de telle sorte que :

$$\Sigma_{X \supseteq A}\, m(A) = 1,$$

et $m(A)$ représente le degré avec lequel un groupe d'observateurs croit en la réalisation de l'événement A. Toute partie non vide B de X telle que $m(B) \neq 0$ est appelée *élément focal*. Elle correspond à un événement auquel les observateurs croient, ne serait-ce qu'un peu. On définit alors le *degré de croyance* Bel(A) en une partie quelconque A de X en prenant en considération tous les éléments focaux qui entraînent A :

$$\mathrm{Bel}\,(A) = \Sigma_{A \supseteq B}\, m(B),$$

et le *degré de plausibilité* Pl(A) de A en prenant en compte tous les éléments focaux qui ont quelque chose à voir avec A :

$$\mathrm{Pl}(A) = \Sigma_{A \cap B \neq \varnothing}\, m(B).$$

On montre que $\mathrm{Bel}(A) \leq \mathrm{Pl}(A)$ et $\mathrm{Bel}(A) = 1 - \mathrm{Pl}(A^c)$. L'intervalle [Bel(A), Pl(A)] encadre la probabilité mal connue P(A), quelle que soit la partie A de X.

Deux cas particuliers d'attribution de la masse m sont remarquables.

1) Supposons que les éléments focaux A_1, A_2,... soient emboîtés, c'est-à-dire tels que $A_1 \supseteq A_2 \supseteq \ldots$, les éléments de croyance sont concordants, les observateurs n'attribuent pas de croyance à des événements incompatibles. Alors le degré de plausibilité a les propriétés d'une mesure de possibilité, et le degré de croyance a les propriétés d'une mesure de nécessité. On en déduit que, quelle que soit la partie A de X, $N(A) \leq P(A) \leq \Pi(A)$.

On peut alors construire la distribution de possibilité π :

$$\forall x \in X \quad \pi(x) = Pl(\{x\}) = 0 \quad \text{si} \quad x \in X - A_1,$$
$$= \Sigma_{1 \leq i \leq k}\ m(A_i) \ \text{sinon},$$

A_k étant alors l'élément focal tel que $x \in A_k$, $x \notin A_{k+1}$.

2) Supposons que les éléments focaux soient des singletons de X, les avis émis ne concernent que des événements élémentaires. Alors, toute partie A de X est telle que $Bel(A) = Pl(A)$ et cette valeur commune est également celle de la probabilité P(A).

Exemple III.7 : Soit $X = \{a, b, c, d, e, f\}$ un ensemble de chevaux de course, par exemple.

1re hypothèse : on attribue des coefficients de croyance en leur victoire par $m(\{a, b\}) = 0{,}5$ indiquant que l'on croit, avec un degré 0,5, que a ou b gagnera, $m(\{c\}) = 0{,}3$, et $m(\{a, d, e, f\} = 0{,}2$. On se trouve dans la situation générale de définition des masses et l'on obtient par exemple $Bel(\{a, b, d\}) = 0{,}5$ et $Pl(\{a, b, d\}) = 0{,}5 + 0{,}2 = 0{,}7$.

2e hypothèse : les masses attribuées sont les suivantes : $m(\{a, b\}) = 0{,}5$, $m(\{a, b, c\}) = 0{,}3$, $m(\{a, b, c, d\}) = m(\{a, b, c, d, e\}) = 0{,}1$, les autres parties de X ayant une masse nulle. On définit ainsi les éléments focaux, dont on remarque qu'ils sont emboîtés : $\{a, b, c, d, e\} \supseteq \{a, b, c, d\} \supseteq \{a, b, c\} \supseteq \{a, b\}$, donc les degrés de plausibilité et de croyance qui s'en déduisent ont respectivement les propriétés d'une mesure de nécessité et d'une mesure de possibilité. On trouve $\mathrm{Bel}(\{a, b, c, d, e\}) = 1$, $\mathrm{Bel}(\{a, b, c, d\}) = 0{,}9$, $\mathrm{Bel}(\{a, b, c\}) = 0{,}8$, $\mathrm{Bel}(\{a, b\}) = 0{,}5$ et $\mathrm{Pl}(\{a\}) = \mathrm{Pl}(\{b\}) = 1$, $\mathrm{Pl}(\{c\}) = 0{,}5$, $\mathrm{Pl}(\{d\}) = 0{,}2$, $\mathrm{Pl}(\{e\}) = 0{,}1$.

3e hypothèse : on attribue des coefficients de croyance en la victoire des chevaux par $m(\{a\}) = 0{,}5$, $m(\{b\}) = 0{,}1$, $m(\{c\}) = 0{,}3$, $m(\{d\}) = 0{,}1$, on évalue individuellement les chances de succès de chaque cheval, on a donc une idée de la probabilité pour qu'il gagne. On se trouve en présence d'éléments focaux qui sont des singletons et la valeur commune des degrés de plausibilité et de croyance obtenus est celle d'une probabilité : $\mathrm{Bel}(\{a, b, c, d, e\}) = \mathrm{Pl}(\{a, b, c, d, e\}) = 1$, $\mathrm{Bel}(\{a, b, c, d\}) = \mathrm{Pl}(\{a, b, c, d\}) = 0{,}9$ ...

CHAPITRE IV

VARIABLES LINGUISTIQUES ET PROPOSITIONS FLOUES

La théorie des possibilités, telle qu'elle a été présentée au chapitre III permet le traitement d'incertitudes de nature non probabiliste sur des événements décrits sans imprécisions ni caractéristiques vagues. Mais historiquement, L. A. Zadeh a introduit la théorie des possibilités à propos de la caractérisation de variables par des descriptions linguistiques imprécises, représentées par des sous-ensembles flous. La fonction d'appartenance de ceux-ci conduit à la définition d'une distribution de possibilité, qui permet de traiter les incertitudes engendrées au cours d'un raisonnement fondé sur les caractérisations floues des variables.

On définit dans ce chapitre la notion de variable linguistique et on introduit le concept de proposition floue qui est utilisé en logique floue. On montre comment définir dans ce cadre des distributions de possibilité qui permettront de traiter simultanément connaissances imprécises et connaissances incertaines dans un raisonnement.

I. — Variable linguistique

En physique, une variable V, telle que la température, prend ses valeurs dans un ensemble de définition X, par exemple l'ensemble des nombres réels compris entre − 300 °C et + 300 °C. Généralement, un instrument de mesure permet de donner la valeur exacte qu'elle prend dans une situation donnée. Si l'instrument de mesure est légèrement imprécis, cette valeur est connue à 1 % près, par exemple. Si la valeur de la variable est, par contre, fournie par un observateur qui ne dispose pas d'instrument de mesure, il l'évalue grossièrement comme « aux alentours de 25 °C – 30 °C », ou il exprime que « la température est élevée ». La notion de variable linguistique sert à modéliser les connaissances imprécises ou vagues sur une variable dont la valeur précise est inconnue.

Une *variable linguistique* est représentée par un triplet (V, X, T_V), dans lequel V est une variable (l'âge, la température...) définie sur un ensemble de référence X (l'ensemble des nombres entiers, des réels...), sa valeur pouvant être n'importe quel élément de X.

On note $T_V = \{A_1, A_2 ...\}$ un ensemble, fini ou infini, de sous-ensembles flous de X, qui sont utilisés pour caractériser V, définissant des restrictions des valeurs que prend V dans X. Si l'on utilise « chaud » pour caractériser la température, on restreint au moins l'ensemble des valeurs possibles pour la température aux nombres positifs. Des termes A_i sont donc choisis pour effectuer des descriptions de V, et chacun est associé à un sous-ensemble flou de X de fonction d'appartenance f_{A_i}, définie sur X et à valeurs dans [0, 1]. Pour simplifier, on note A_i à la fois le terme linguistique (« vieux », « chaud ») et le sous-ensemble flou qui lui est associé. Notons que certains des éléments de T_V peuvent être des parties ordinaires de l'ensemble de référence X, éventuellement des singletons de X, qui sont des cas particuliers de sous-ensembles flous, avec des fonctions d'appartenance prenant les valeurs 0 et 1.

Exemple IV.1 : Considérons la taille comme variable V, définie sur l'ensemble X des entiers positifs par exemple. La définition des sous-ensembles flous de X qui permettent de caractériser V dépend du contexte dans lequel V est utilisée, puisque « immense » décrivant la taille d'un être humain ou celle d'un arbre ne peut être défini par la même fonction d'appartenance. Un exemple d'ensemble T_V est donné dans la figure IV.1. Selon l'utilisation qui doit en être faite, le nombre d'éléments de T_V est plus ou moins grand, ce qui veut dire que la description de V est plus ou moins fine. Si l'on s'autorise à décrire également la taille d'un être humain par sa valeur précise, il faut ajouter dans T_V tous les singletons de X, par exemple {160}, {161}...

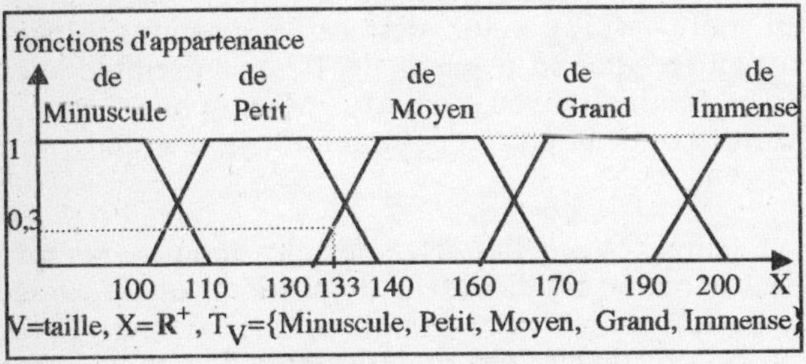

Fig. IV.1. — Exemple de variable linguistique (V, X, T_V) utilisée pour décrire des êtres humains.

II. — Modificateurs linguistiques

Le but de l'utilisation de variables linguistiques caractérisée par des descriptions floues, vagues ou imprécises est d'éviter les bornes artificiellement rigides dc descriptions ordinaires et d'introduire une grande souplesse dans les caractérisations. L'idée d'approximation d'une description standard, de proximité entre caractérisations, d'interpolation entre les caractérisations données dans l'ensemble T_V associé à la variable linguistique (V, X, T_V) conduit à la définition de modificateurs, tels que « très », « plus ou moins », qui constituent une sorte de standardisation de l'expression linguistique utilisée pour modulcr une description. Les caractérisations utilisées pour décrire l'état de la variable V sont donc, soit les éléments de T_V, soit des formes modulées de ces éléments obtenues en utilisant des modificateurs.

Un *modificateur linguistique* est un opérateur m qui permet, à partir de toute caractérisation floue A de V, de produire une nouvelle caractérisation floue m(A). Si la fonction d'appartenance de A est f_A, celle de m(A) est $f_{m(A)} = t_m(f_A)$, obtenue par l'intermédiaire d'une transformation mathématique t_m attachée à m.

Pour un ensemble M de modificateurs disponibles, on note $M(T_V)$ celui des caractérisations floues engendrées par M à partir de T_V, par exemple avec T_V = {petit, moyen, grand}, M = {plutôt, non}, $M(T_V)$ contient plutôt petit, plutôt non grand, non moyen...

Exemple IV.2 : Les effets les plus intéressants que peut avoir un modificateur linguistique sur la caractérisation initiale sont indiqués dans la figure IV.2. On peut distinguer des *modificateurs de renforcement* (m_4 par exemple), tels que très, fortement, réellement... et des *modificateurs d'affaiblissement* (m_1, m_2, m_3 par exemple), tels que plus ou moins, relativement, plutôt... Les premiers modificateurs ont été proposés par Zadeh sous le nom de « très », associé à la transformation $t_m(f_A(x)) = f_A(x)^2$, et sous le nom de « plus ou moins », associé à la transformation $t_m(f_A(x)) = f_A(x)^{1/2}$. Une négation « non » peut être considérée comme un modificateur linguistique, pour une transformation $t_m(f_A(x)) = 1 - f_A(x)$. Exemples de transformations :

- $t_{m_1}(f_A(x)) = \max(0, \upsilon f_A(x) + 1 - \upsilon)$, pour un paramètre υ compris entre 1/2 et 1, qui indique à quel point m_1(A) diffère de A.
- $t_{m_5}(f_A(x)) = f_A(x + \alpha)$, pour un paramètre α positif ou négatif selon que l'on veut effectuer un renforcement ou un affaiblissement.

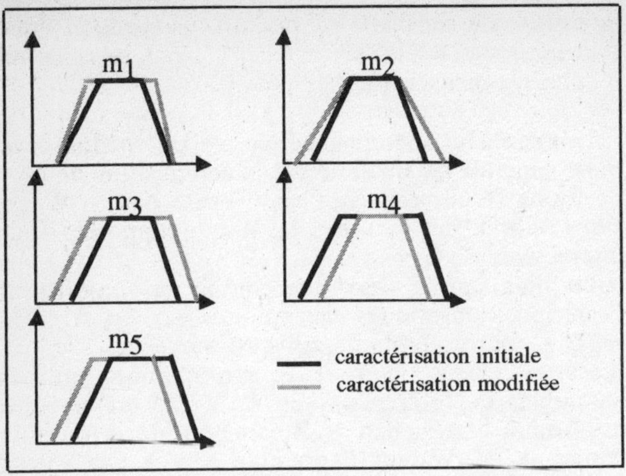

Fig. IV.2. — Exemple des principaux comportements de modificateurs linguistiques.

III. — Propositions floues

1. **Propositions floues élémentaires.** — La représentation, puis le traitement, de connaissances exprimées symboliquement et non numériquement, passe par l'utilisation de variables linguistiques. On se limite à des descriptions de la forme « la taille est moyenne », « la vitesse est plutôt rapide », « le prix n'est pas cher ».

Formellement, on considère un ensemble L de variables linguistiques et un ensemble M de modificateurs. Une *proposition floue élémentaire* est définie à partir d'une variable linguistique (V, X, T_V) de L par la qualification « V est A », pour une caractérisation floue A que l'on suppose normalisée, appartenant à T_V ou à $M(T_V)$.

La proposition « V est A » est d'autant moins vraie que la valeur exacte de V, soit l'élément x de X, satisfait mal la caractérisation A, c'est-à-dire que $f_A(x)$

est faible. La *valeur de vérité* d'une proposition floue élémentaire « V est A » est définie par la fonction d'appartenance f_A de A.

2. **Proposition floue générale.** — Une *proposition floue* générale est obtenue par la composition de propositions floues élémentaires « V est A », « W est B » . . . pour des variables V, W . . . supposées non-interactives.

La plus simple s'exprime comme la conjonction de propositions floues élémentaires « V est A et W est B », (par exemple, la taille est moyenne et le prix n'est pas cher), où V et W sont définies sur des ensembles de référence X et Y, et elle est associée au produit cartésien A × B caractérisant la variable conjointe (V, W) sur l'ensemble X × Y. Sa valeur de vérité est donc définie par $\min(f_A(x), f_B(y))$ en tout point (x, y) de X × Y. Une telle proposition floue apparaît très fréquemment dans les règles des systèmes à base de connaissances et en commande floue.

On peut de même composer deux propositions floues élémentaires par disjonction de propositions floues élémentaires « V est A ou W est B » (par exemple, la taille est moyenne ou le prix n'est pas cher). La valeur de vérité de la proposition floue obtenue est définie par $\max(f_A(x), f_B(y))$ en tout point (x, y) de X × Y.

Une implication entre deux propositions floues élémentaires définit aussi une proposition floue que l'on peut exprimer par « si V est A alors W est B » (par exemple, si la taille est moyenne, alors le prix est peu cher), sur laquelle nous reviendrons longuement en raison de son rôle important dans le raisonnement sur des connaissances floues.

Plus généralement, on peut construire des propositions floues par conjonction, disjonction ou implication portant sur des propositions floues quelconques.

En particulier, une proposition floue utilisant une

implication entre deux propositions floues quelconques, par exemple de la forme « si V est A et W est B alors U est C » (si la taille est moyenne et le prix peu cher, alors l'achat est conseillé), est appelée une *règle floue,* « V est A et W est B » étant la *prémisse* de la règle et « U est C » sa *conclusion.*

3. **Distribution de possibilité associée à une proposition floue.** — La notion de variable linguistique et de proposition floue permet de s'attaquer au traitement de connaissances imprécises ou vagues, mais les incertitudes qui les accompagnent ne sont pas encore facilement manipulables. Nous allons montrer qu'elles le sont en utilisant la théorie des possibilités.

Une caractérisation floue telle que « grand » est définie *a priori* et sa fonction d'appartenance f_A indique avec quel degré chaque élément de X lui appartient. Une proposition floue telle que « la taille est grande » est une description *a posteriori,* après observation d'une situation particulière, qui décrit de façon vague la taille d'un individu donné et indique dans quelle mesure il est possible que sa taille exacte soit tel ou tel élément de X.

Ceci veut dire qu'une proposition floue induit une *distribution de possibilité* $\pi_{V,A}$ sur X, définie à partir de la fonction d'appartenance associée à A par :

$$\forall x \in X \quad \pi_{V,A}(x) = f_A(x).$$

Cette définition exprime que, si ε est le degré d'appartenance d'un élément quelconque x de X à la caractérisation floue A, la possibilité pour que la variable V prenne la valeur x, sachant que V est caractérisée par A, est aussi égale à ε.

Cette distribution de possibilité permet de définir une *mesure de possibilité* pour toute partie non floue D de X, étant donné que V admet la caractérisation floue A : $\Pi_{V,A}(D) = \sup_{x \in D} \pi_{V,A}(x)$ et une mesure de nécessité $N_{V,A}(D) = 1 - \Pi_{V,A}(D^c)$.

Une *proposition floue générale* induit de la même façon une distribution de possibilité sur le produit cartésien des ensembles de définition des différentes variables intervenant dans la proposition floue. Par exemple, « V est A et W est B », avec V et W définies sur des ensembles de référence X et Y, induit la distribution de possibilité :

$$\forall x \in X, \quad \forall y \in Y \quad \pi_{(V,W),\, A \times B}(x, y) = \min(f_A(x), \quad f_B(y)).$$

Exemple IV.3 : Soit V est la taille, X l'ensemble des tailles possibles [0, 250], T un ensemble donné de caractérisations floues de V, par exemple celles données dans la figure IV.1. La valeur $x = 133$ cm de la variable V appartient au sous-ensemble flou A = « moyen » de X, avec un degré 0.3. On peut en conclure que si un individu est décrit à l'aide de la proposition floue « la taille est moyenne », la possibilité $\pi_{V,A}(133)$ pour qu'il mesure 133 cm vaut également 0.3. La possibilité pour que sa taille soit comprise entre 130 et 140 cm vaut $\Pi_{V,A}([130, 140]) = \sup_{x \in D} \pi_{V,A}(x) = 1$.

Dans le cas d'une *proposition floue incertaine* du type « X est A, avec une incertitude ε », pour $A \in T$, aucun élément de l'univers ne peut être qualifié d'impossible en raison de l'incertitude et tout élément a un degré de possibilité au moins égal à ε. Une telle proposition floue est associée à la distribution de possibilité obtenue en tronquant la base de celle associée à « X est A » par une droite horizontale d'ordonnée ε, et elle est donnée par :

$$\forall x \in X \quad \pi'(x) = \max(\pi(x), \varepsilon) \quad \text{(voir fig. IV.3).}$$

Remarque : Considérons le cas particulier où A est un sous-ensemble ordinaire de X. Si A est certain, il permet d'associer à V la distribution de possibilité π telle que $\pi_{V,A}(x) = 1 \; \forall x \in A$ et $\pi_{V,A}(x) = 0 \; \forall x \notin A$. On en déduit que $\Pi_{V,A}(A) = 1$ et $N_{V,A}(A) = 1$. Si A

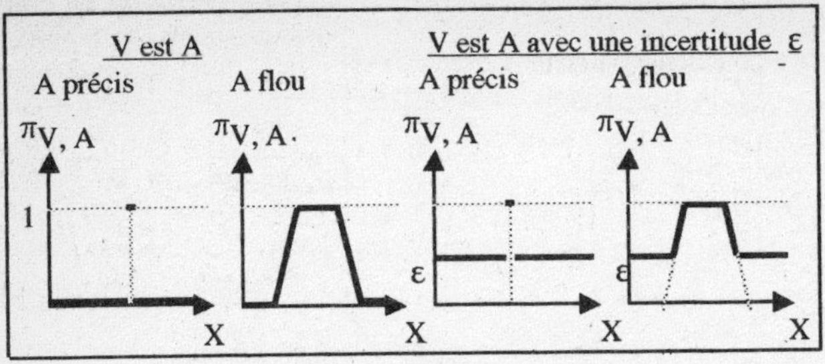

Fig. IV.3. — Principaux types de propositions floues et distributions de possibilité associées.

est incertain, il permet d'associer à V la distribution de possibilité telle que $\pi_{V,A}(x) = 1 \ \forall x \in A$ et $\pi_{V,A}(x) = \varepsilon \ \forall x \notin A$, si ε est son degré d'incertitude ; on en déduit la mesure de possibilité $\Pi_{V,A}(A) = 1$ et la mesure de nécessité $N_{V,A}(A) = 1 - \varepsilon$, ce qui renforce l'idée selon laquelle la nécessité est une évaluation de certitude.

IV. — Caractéristiques de la logique floue

L'utilisation de connaissances imprécises, vagues et/ou incertaines conduit à raisonner plus souplement sur elles qu'on ne pourrait le faire en logique classique et, en particulier, à répondre aux besoins suivants :

i) manipuler des valeurs de vérité intermédiaires le vrai et le faux absolus,

ii) moduler la notion de quantificateur entre les deux extrêmes que sont les quantificateurs universel ∀ et existentiel ∃,

iii) qualifier linguistiquement la probabilité, la possibilité ou la vérité d'une proposition,

iv) utiliser des règles de déduction en présence de faits qui ne leur conviennent qu'imparfaitement, ce que n'autorisent pas les schémas de raisonnement tels que le modus ponens et le modus tollens (fig. IV.4).

conjonction $p \wedge q$

p \ q	0	1
0	0	0
1	0	1

disjonction $p \vee q$

p \ q	0	1
0	0	1
1	1	1

implication $p \rightarrow q$

p \ q	0	1
0	1	1
1	0	1

modus ponens

si	$p \rightarrow q$	vrai
et	p	vrai
alors	q	vrai

modus tollens

si	$p \rightarrow q$	vrai
et	q	faux
alors	p	faux

Fig. IV.4. — Rappel de logique classique.

Pour répondre au premier de ces besoins (i), une première extension de la logique classique a été proposée en 1920 par Lukasiewicz comme une logique à trois valeurs de vérité représentées par 0 (le faux), 1 (le vrai) et 1/2 (le doute). Elle peut être introduite à partir de la donnée des valeurs de l'implication → et de la négation ¬, celles de la disjonction s'en déduisant par $p \vee q = (p \rightarrow q) \rightarrow q$ et celles de la conjonction par $p \wedge q = \neg (\neg p \vee \neg q)$. Elle est rappelée dans la figure IV.5.

conjonction $p \wedge q$

p \ q	0	1/2	1
0	0	0	0
1/2	0	1/2	1/2
1	0	1/2	1

disjonction $p \vee q$

p \ q	0	1/2	1
0	0	1/2	1
1/2	1/2	1/2	1
1	1	1	1

implication $p \rightarrow q$

p \ q	0	1/2	1
0	1	1	1
1/2	1/2	1	1
1	0	1/2	1

négation $\neg p$

p	¬p
0	1
1/2	1/2
1	0

Fig. IV.5. — Logique ternaire de Lukasiewicz.

De nombreuses autres logiques multivalentes (admettant plus de deux valeurs de vérité) ont ensuite été proposées. Mais de telles extensions de la logique classique ne suffisent pas pour traiter des connaissances imprécises, puisqu'elles ne répondent pas aux besoins (ii), (iii) et (iv), et L. A. Zadeh a présenté la logique floue comme un cadre pour le raisonnement approximatif, c'est-à-dire le raisonnement sur des connaissances pour lesquelles des caractérisations rigides n'auraient pas de signification. Par exemple, la règle « si le prix est inférieur à 60 000 F, j'achète » sera intuitivement utilisable si le prix est de 60 010 F, mais elle ne pourrait être exploitée en logique classique puisque le prix indiqué ne satisferait pas la prémisse.

Les caractéristiques générales de la logique floue sont les suivantes :

— les propositions sont des propositions floues définies à partir d'un ensemble L de variables linguistiques (V, X, T_V) et d'un ensemble M de modificateurs,

— la valeur de vérité de toute proposition floue appartient à [0, 1] et est fournie par la fonction d'appartenance de la caractérisation floue utilisée dans la proposition floue,

— les quantificateurs peuvent être flous (par exemple « dans la plupart des cas », « généralement », ...),

— il existe des qualifications de vérité (« V est A » est vrai, très vrai, peu vrai, ...), des qualifications de probabilité (« V est A » est probable, très probable, peu probable, ...), des qualifications de possibilité (« V est A » est possible, très possible, peu possible, ...),

— la logique floue est considérée comme une extension de la logique classique.

Cette dernière caractéristique signifie que, les sous-ensembles classiques étant des cas particuliers de sous-ensembles flous, des caractérisations précises d'une variable (« égal à la valeur x_0 de X ») donnent des cas particuliers de propositions floues (par exemple « la hauteur est de 30 m », ou encore « la décision à prendre est d'opérer ») que l'on peut qualifier de booléennes, fournissant des valeurs de vérité qui ne sont que 0 et 1. Dans le cas où toutes les propositions floues sont, en fait, booléennes, la logique floue est identique à la logique classique.

V. — Quantificateurs flous

Une forme courante de connaissances fournies linguistiquement est l'énoncé de lois générales, comme « généralement, les magasins sont fermés le dimanche » ou « il est rare que les femmes soient chauves ». On introduit alors des quantificateurs flous, qui décrivent des situations intermédiaires entre le quantificateur universel et le quantificateur existentiel, c'est-à-dire entre les deux situations extrêmes. Ils caractérisent une cardinalité absolue ou relative.

Un *quantificateur flou* est un sous-ensemble flou de l'ensemble **R** des nombres réels, mais le plus souvent de [0, 1] seulement, qui décrit un nombre de cas ou une proportion approximative, tels que « dans la plupart des cas », « rarement », « dans quelques cas », « généralement »...

Exemple IV.4 : On peut imaginer une règle floue qui s'exprime de façon équivalente par : « dans la plupart des cas, si la nationalité (V) est nordique (A) alors la couleur de cheveux (W) est blonde (B) »; ou par « la plupart des nordiques (A) sont blonds (B) ». Le quantificateur « la plupart » pourra être représenté comme dans la figure IV.6.

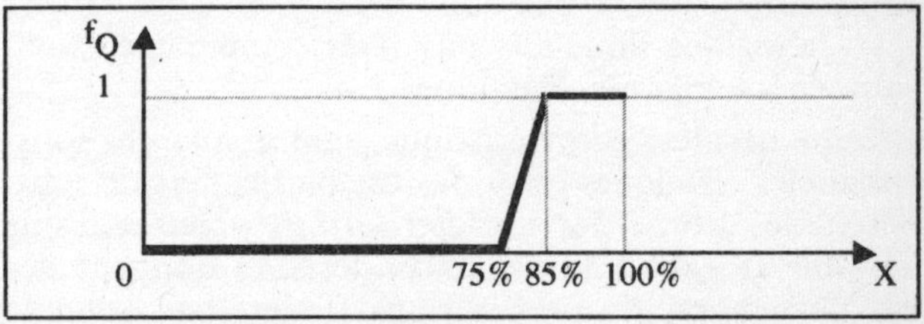

Fig. IV.6. — Exemple de représentation du quantificateur flou « la plupart ».

Soit Q un quantificateur flou, de fonction d'appartenance f_Q. Une *règle floue quantifiée* est de la forme « Q si V est A alors W est B », qui peut encore s'exprimer par « Q les A sont B », pour deux propositions floues « V est A » et « W est B » définies à partir de variables linguistiques (V, X, T_X) et (W, Y, T_Y). La possibilité pour que la proportion de B qui sont A soit p est égale à la valeur de $f_Q(p)$.

VI. — Probabilité, possibilité et vérité linguistiques

Parmi les variables numériques susceptibles d'être caractérisées symboliquement figurent la probabilité et la possibilité, dont on ne connaît pas toujours la valeur précise. On peut également considérer que la vérité n'est pas seulement qualifiée par « vrai » ou « faux », mais qu'il existe des degrés de vérité intermédiaires, à valeur entre 0 (correspondant à « faux ») et 1 (correspondant à 1). Des *qualifications de probabilité* (« il est peu probable que ... »), *de possibilité* (« il est possible que »), *de vérité* (« il est relativement vrai que ») sont respectivement modélisées par l'intermédiaire de variables linguistiques (Pr, [0, 1], T_{Pr}), (Po, [0, 1], T_{Po}), (Ve, [0, 1], T_{Ve}), où Pr, Po, Ve sont les variables de probabilité, de possibilité, de vérité, avec par exemple T_{Pr} = {improbable, probable, tout à fait probable}, T_{Po} = {impossible, possible, tout à fait possible}, T_{Ve} = {faux, vrai, tout à fait vrai}.

CHAPITRE V

RAISONNEMENT EN LOGIQUE FLOUE

Les sous-ensembles flous et la théorie des possibilités sont des éléments importants de la représentation de connaissances imparfaitement définies. Pour raisonner sur de telles connaissances, la logique classique ne suffit pas et on utilise une logique floue, lorsque les connaissances sont imprécises, vagues et éventuellement incertaines.

I. — Implications floues

1. **Définition.** — Considérons une règle floue de la forme « si V est A alors W est B », introduite dans le chapitre IV.III.2, construite à partir de deux variables linguistiques (V, X, T_V) et (W, Y, T_W) et d'un ensemble M de modificateurs. On quantifie la force de la liaison entre la prémisse « V est A » et la conclusion « W est B » de cette règle, pour mettre en évidence l'influence du fait que la prémisse soit satisfaite, c'est-à-dire que V soit effectivement caractérisée par A, sur le fait que la conclusion de la règle soit satisfaite.

Pour cela, on définit une *implication floue* associée à toute règle floue, définie à partir des deux ensembles de référence X et Y. La valeur de vérité de la proposition floue obtenue par utilisation d'une implication floue entre les propositions floues élémentaires « V est A » et « W est B » est définie par la fonction d'appartenance f_R d'une relation floue R entre X et Y. Celle-ci s'exprime, pour tout (x, y) de $X \times Y$, en fonction des fonctions d'appartenance

$f_A(x)$ intervenant dans la prémisse et $f_B(y)$ dans la conclusion de la règle :

$$f_R(x, y) = \Phi(f_A(x), \quad f_B(y)),$$

pour une fonction Φ choisie de telle sorte que, dans le cas où A et B sont définis de façon précise et certaine, l'implication floue soit identique à l'implication de la logique classique. Rappelons que A et B sont précis et certains si leurs fonctions d'appartenance $f_A(x)$ et $f_B(y)$ prennent la valeur 1 en un point, respectivement noté x_0 et y_0, de leur ensemble de définition et la valeur 0 partout ailleurs, ce qui revient à dire que V est égal à x_0 et W à y_0.

Exemple V.1 : Considérons les variables V et W qui sont respectivement le poids et le prix définis sur des univers X et Y de nombres réels positifs. On définit des ensembles T_V et T_W de caractérisations floues de V et de W dans un contexte donné, celui du commerce de diamants par exemple. Pour « important » et « élevé » appartenant respectivement à T_V et T_W, un expert fournit une règle floue telle que :

« si le poids est important, alors le prix est élevé »,

représentée graphiquement dans la figure V.1.

2. **Principales implications floues.** — Il n'existe pas une façon unique de généraliser l'implication de la

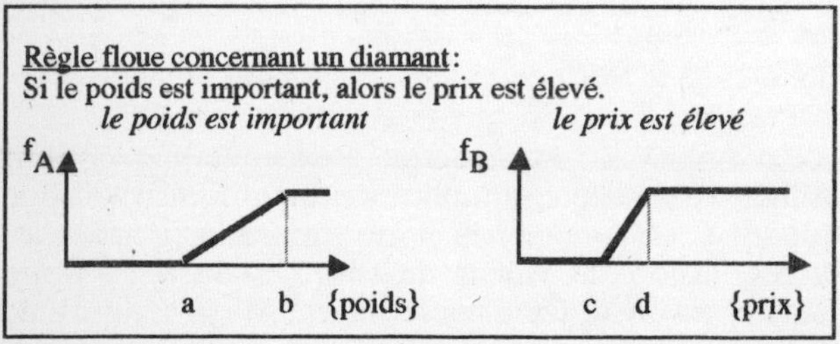

Fig. V.1. — Exemple de règle floue.

logique classique et le tableau de la figure V.2 indique les implications floues le plus souvent employées. On y a indiqué les implications de Mamdani et de Larsen, bien qu'elles ne généralisent pas l'implication classique puisque ce sont, en fait, des conjonctions, en raison de leur utilisation dans la commande floue où elles peuvent servir d'implications floues à cause des conditions particulières inhérentes à la commande floue.

Valeur de vérité		Nom
$f_{RR}(x,y)$	$1 - f_A(x) + f_A(x) . f_B(y)$	Reichenbach
$f_{RW}(x,y)$	$\max(1 - f_A(x), \min(f_A(x), f_B(y))$	Willmott
$f_{RRG}(x,y)$	1 si $f_A(x) \leq f_B(y)$ 0 sinon	Rescher-Gaines
$f_{RKD}(x,y)$	$\max(1 - f_A(x), f_B(y))$	Kleene-Dienes
$f_{RBG}(x,y)$	1 si $f_A(x) \leq f_B(y)$ $f_B(y)$ sinon	Brouwer-Gödel
$f_{RG}(x,y)$	$\min(f_B(y)/ f_A(x), 1)$ si $f_A(x) \neq 0$ 1 sinon	Goguen
$f_{RL}(x,y)$	$\min(1 - f_A(x) + f_B(y), 1)$	Lukasiewicz
$f_{RM}(x,y)$ *	$\min(f_A(x), f_B(y))$	Mamdani
$f_{RP}(x,y)$ *	$f_A(x) . f_B(y)$	Larsen

Fig. V.2. — Principales implications floues.

* Ces quantités ne généralisent pas l'implication de la logique classique, mais sont utilisées comme des implications floues dans des processus de commande de processus.

Exemple V.2 : Poursuivons l'exemple V.1. Si l'on utilise, par exemple, l'implication de Lukasiewicz pour quantifier la force de la liaison entre la prémisse et la conclusion, la valeur de vérité de la règle floue $f_R(x, y)$ est indiquée dans le tableau de la figure V.3. Un poids donné x est lié à chaque prix y avec une force $f_R(x, y)$ d'autant plus grande que la valeur de

y est acceptable, étant donné x, relativement à la règle énoncée. Par exemple, un poids x appartenant à l'intervalle $[b, \infty[$ n'est lié à aucun prix y appartenant à l'intervalle $[0, c[$ puisqu'alors $f_R(x, y) = 0$.

x \ y	[0, c [	]c, d[	[d, ∞ [	$f_A(x)$
[0, a [	1	1	1	0
]a, b[	(b-x)/(b-a)	min(1-(x-a)/(b-a)+(y-c)/(d-c),1)	1	(x-a)/(b-a)
[b, ∞[	0	(x-c)/(d-c)	1	1
$f_B(y)$	0	(x-c)/(d-c)	1	

Fig. V.3. — Valeurs de vérité $f_R(x, y)$ de l'implication floue de Lukasiewicz pour la règle de la figure V.1.

3. **Classes générales d'implications floues.** — Ces implications floues ne sont pas construites de façon désordonnée mais elles appartiennent à de grandes classes d'implications floues, selon la façon dont elles généralisent l'implication de la logique classique. On donne ci-dessous quelques exemples de telles classes.

— *1re classe :* $f_R(x, y) = \perp(n(f_A(x)), f_B(y))$,

où $\perp$ est une t-conorme et n une négation involutive. Cette classe est une généralisation de l'égalité $p \to q = \neg p \vee q$ de la logique classique. Comme elle, elle est inchangée si l'on remplace la règle floue « si p alors q » par « si $\neg q$ alors $\neg p$ ». L'implication R^{KD} en est un exemple pour $\perp(u, v) = \max(u, v)$ et $n(u) = 1 - u$.

— *2e classe :* $f_R(x, y) = T^*(f_A(x), f_B(y))$,

où T^* est le quasi inverse de la t-norme T, défini $\forall(u, v) \in [0, 1]^2$ par $T^*(u, v) = \sup\{w \in [0, 1], T(u, w) \leq v\}$. Des exemples en sont les implications floues R^{BG} pour $T(u, v) = \min(u, v)$, R^G pour $T(u, v) = u.v$ et R^L pour $T(u, v) = \max(u + v - 1, 0)$.

— *3e classe :* $f_R(x, y) = n[\mathrm{T}(f_A(x), n(\mathrm{T}(f_A(x), f_B(y))))]$, pour une négation n et une t-norme T qui étend l'égalité $p \to q = \neg p \vee (p \wedge q)$ de la logique classique. Des exemples en sont les implications floues R^W pour $\mathrm{T}(u, v) = \min(u, v)$ et $n(u) = 1 - u$, ainsi que R^{KD} pour $\mathrm{T}(u, v) = \max(u + v - 1, 0)$ et $n(u) = 1 - u$.

On remarque ainsi que le choix d'opérateurs de conjonction et de disjonction associés à une implication n'est pas unique, puisque R^{KD}, par exemple, est associé à $\perp(u, v) = \max(u, v)$ pour sa présence dans la 1re classe et à $\mathrm{T}(u, v) = \max(u + v - 1, 0)$ pour sa présence dans la 3e classe, ainsi qu'à la négation $n(u) = 1 - u$.

4. **Valeurs binaires des implications floues.** — Pour comparer les implications floues, il est intéressant de regarder sur certains points particuliers comment se produit la généralisation de l'implication de la logique classique. Les situations de vérité et de fausseté absolues pour les implications floues sont indiquées dans la figure V.4 et leur étude confirme la position particulière des implications R^M, R^P, qui sont incompatibles avec l'implication classique. On observe que, pour certaines d'entre elles (R^R, R^{KD}, R^W), l'implication n'a des valeurs de vérité absolues que si prémisse et conclusion en ont aussi, ce qui n'est pas le cas pour d'autres (R^{RG}, R^{BG}, R^G, R^L, R^M, R^P).

II. — Modus ponens généralisé

Si les propositions floues sont une représentation de connaissances exprimées de façon naturelle par des acteurs humains, qu'ils soient experts, observateurs du système étudié ou opérateurs spécialisés dans son traitement, le raisonnement sur de telles connaissances doit avoir les mêmes potentialités que le raisonnement qui serait naturellement fait par ces mêmes acteurs. En particulier, une règle générale telle que

Implications	$f_R(x,y)$ égale à 0	$f_R(x,y)$ égale à 1
R^R, R^{KD}	si $f_A(x)=1$ et $f_B(y)=0$	si $f_A(x)=0$ ou $f_B(y)=1$
R^W		si $f_A(x)=0$ ou $f_A(x)=f_B(y)=1$
R^{RG}	si $f_A(x) > f_B(y)$	si $f_A(x) \leq f_B(y)$
R^{BG}, R^G	si $f_A(x) \neq 0$ et $f_B(y)=0$	
R^L	si $f_A(x)=1$ et $f_B(y)=0$	
R^M, R^P	si $f_A(x)=0$ ou $f_B(y)=0$	si $f_A(x)=f_B(y)=1$

Fig. V.4. — Valeurs binaires des principales implications floues.

« si le poids d'un diamant est important, alors son prix est élevé » doit pouvoir être utilisée pour un diamant donné, dont on connaît le poids précis, qui n'est pas forcément typique de la caractérisation « important », et doit également fournir une conclusion relative au prix si le poids n'est que relativement important, par exemple (voir fig. V.5). Dans la logique classique, le modus ponens rappelé dans le chapitre IV.IV ne permettrait d'obtenir une conclusion que si l'on savait exactement que le poids du diamant considéré est important. Il faut donc modifier le modus ponens pour atteindre la souplesse de raisonnement souhaitée. Pour une règle de la forme « si V est A alors W est B », une conclusion doit être obtenue relativement à W lorsque la donnée disponible est de la forme V est A′, pour A′ plus ou moins différent de A, par un raisonnement que L. A. Zadeh qualifie d'approximatif.

Deux propositions floues « V est A » et « V est A′ » sont considérées comme proches dans la mesure où les sous-ensembles flous A et A′ ont des fonctions d'appartenance peu différentes, par exemple si leurs noyaux et leurs supports sont identiques ou peu différents. Le *raisonnement approximatif* est un rai-

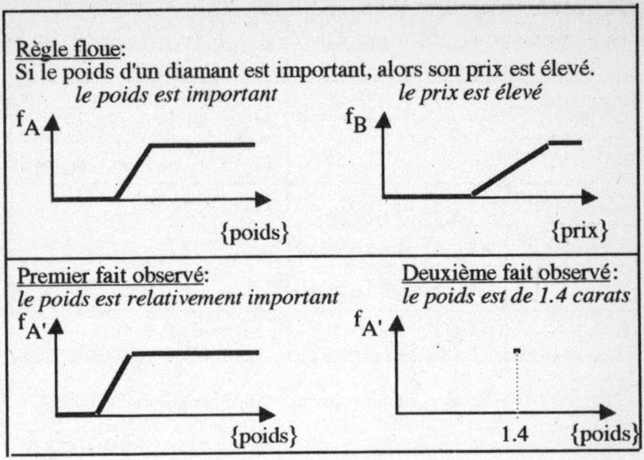

Fig. V.5. — Deux exemples d'utilisation du raisonnement approximatif.

sonnement sur des propositions floues qui tient compte de cette idée de proximité. Le *modus ponens* trouve son équivalent dans le cadre du raisonnement approximatif sous la forme du *modus ponens généralisé* que nous présentons formellement ci-dessous. Il permet de traiter dans un même cadre des connaissances exprimées de façon symbolique et des données purement numériques et il permet également de tenir compte de l'aspect graduel des caractérisations floues (si la donnée est très proche de la prémisse de la règle, la conclusion sera très proche de la conclusion de la règle).

De façon générale, les conditions d'utilisation du *modus ponens généralisé* sont les suivantes (on considère des propositions floues élémentaires pour simplifier mais le même schéma s'applique au cas de propositions floues générales) :

Règle floue :	si V est A	alors W est B
Fonctions d'appartenance :	f_A	f_B
Fait observé :	V est A′	
Fonction d'appartenance :	$f_{A'}$	
Conclusion :		W est B′
Fonction d'appartenance :		$f_{B'}$

Les informations disponibles pour déterminer la conclusion sont donc d'une part celles relatives à la règle, quantifiées par l'implication floue f_R qui décrit le lien causal entre « V est A » et « W est B », d'autre part celles relatives au fait observé, quantifiées par la fonction d'appartenance $f_{A'}$.

La fonction d'appartenance de B′ est donc calculée comme une combinaison de f_R et de $f_{A'}$ de la forme :

$$\forall y \in Y \quad f_{B'}(y) = \sup_{x \in X} T(f_{A'}(x), \quad f_R(x, y)),$$

pour une t-norme T appelée *opérateur de modus ponens généralisé.*

Le choix de T doit rendre le modus ponens généralisé compatible avec le modus ponens ordinaire, c'est-à-dire que l'on doit obtenir $f_{B'}$ identique à f_B dès que $f_{A'}$ est identique à f_A. La figure V.6 indique les principaux choix possibles.

Opérateur de modus ponens généralisé T	Implication R
$T_{Lukasiewicz}(u,v) = \max(u+v-1, 0)$	$R^R, R^W, R^{RG}, R^{KD}, R^{BG}, R^G, R^L, R^M, R^P$
$T_{Zadeh}(u,v)=\min(u,v)$	R^{RG}, R^{BG}, R^M, R^P
$T_{probabiliste}(u,v)=u.v$	R^{RG}, R^{BG}, R^G, R^M, R^P
T quelconque	implication floue R de la 2ème classe construite à partir de T

Fig. V.6. — Principaux opérateurs de *modus ponens généralisé* utilisables avec les implications floues de la figure V.2.

Lorsque plusieurs opérateurs de modus ponens généralisé sont disponibles pour une même implication floue, ils donnent des résultats analogues relativement à une règle floue et un fait observé donnés.

La conclusion relative à W est donc caractérisée par un sous-ensemble flou de l'ensemble de définition Y de W.

Dans le cas général, il est difficile de donner une description linguistique de W associée à ce sous-ensemble flou. Ceci est peu important si l'on utilise la règle donnée dans un système expert, par exemple, dans lequel les règles s'enchaînent, c'est-à-dire que le résultat concernant W sera utilisé en présence d'une autre règle de la forme « si W est B alors Z est D », Z étant lui-même réutilisé dans une autre règle, la caractérisation de W n'intervenant alors qu'au niveau des calculs et ne nécessitant aucune interprétation linguistique. Cependant, si l'on a besoin d'interpréter B′, on procède par approximation en choisissant dans l'ensemble de caractérisations disponibles $T_W \cup M(T_W)$ celle qui est la plus proche du résultat obtenu B′ et en indiquant éventuellement qu'elle est entachée d'une incertitude.

De plus, dans des situations particulières, il est possible de donner directement une interprétation linguistique de B′. C'est le cas si A′ diffère de A par l'introduction d'une incertitude (il est certain, avec un degré 0,8, que le poids du diamant est important, pour reprendre l'exemple V.1). C'est encore le cas si A′ diffère de A par l'utilisation d'un modificateur linguistique défini de façon adéquate comme il a été indiqué dans l'exemple IV.2 pour m_1 et m_5 en particulier (le poids du diamant est relativement important). Ces deux types de situations seront examinés en détail dans le paragraphe suivant.

III. — Comparaison des implications floues

Le grand nombre d'implications floues disponibles, dont nous avons donné les plus couramment utilisées, pose le problème de leur choix pour réaliser un système de raisonnement, tel qu'un système expert flou ou un système de commande flou. Les implications donnent-elles des résultats équivalents ou ont-elles des comportements différents qui permettent d'en privilégier une ou un certain nombre dans une situation donnée? Nous allons donner ci-dessous des arguments pour répondre à cette question en étudiant le résultat « W est B′ » du modus ponens généralisé dans des situations typiques, ou bien pour la règle, ou bien pour l'observation. On suppose que la prémisse « V est A » est certaine, c'est-à-dire qu'il existe des éléments x de X tels que $f_A(x) = 0$.

1. **L'observation est plus spécifique, plus précise ou moins vague, que la prémisse de la règle : $A \supseteq A'$.** — La plupart des implications floues donnent un résultat identique à la conclusion de la règle ($B' = B$), se comportant de façon prudente puisqu'aucune indication n'est en général donnée relativement à des liaisons entre les variations de la caractérisation floue de V et de celle de W (fig. V.7). L'observation est, par exemple, de la forme « V est égal à x_1 », pour x_1 convenant parfaitement à la prémisse de la règle ($f_A(x_1) = 1$) et il est alors normal de conclure que W est B. L'observation peut être également de la forme « V est très A », avec un modificateur « très » tel que celui de Zadeh par exemple (voir chapitre IV.II). Sans information sur des liaisons entre variation de la caractérisation de V et variation de celle de W, on ne peut raisonnablement rien conclure de plus précis que B relativement à W.

L'exception concerne R^{RG} qui fournit un résultat plus précis que la conclusion de la règle ($f_B \geq f_{B'}$ et $f_B \neq f_{B'}$), dans un comportement qui n'est satisfaisant que dans des cas où V et W sont liées par une règle graduelle du type « plus V est A, plus W est B ».

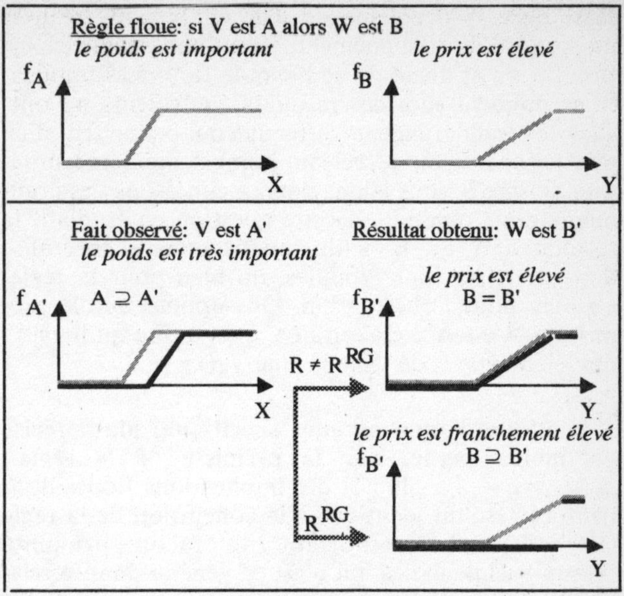

Fig. V.7. — Allure et interprétation de la conclusion obtenue quand l'observation est plus précise ou spécifique que la prémisse de la règle.

Exemple V.3 : Reprenons l'exemple V.1 qui sert également d'interprétation dans la figure V.7. Si l'on dispose d'une règle graduelle telle que « plus un diamant est lourd, plus il est cher », une proposition telle que « le poids du diamant est excessivement important » décrivant une observation, qui est plus spécifique que la prémisse « le poids du diamant est important », conduit de façon naturelle à un résultat tel que « le prix est franchement élevé », plus spécifique que la conclusion de la règle floue « le prix est élevé ». Si une telle règle n'est pas disponible, par exemple parce que la pureté du diamant intervient en plus de son poids pour déterminer son prix par rapport à un autre, l'observation « le poids du diamant est excessivement important » étant un cas particulier de la prémisse « le poids du diamant est important », la conclusion de la règle est toujours valide.

2. **L'observation est moins spécifique, moins précise ou plus vague, que la prémisse de la règle : A′ ⊇ A.** — La plupart des implications floues donnent un résultat également moins spécifique, moins précis, éventuellement moins certain que la conclusion de la règle (c'est-à-dire, dans tous les cas, B′ ⊇ B), dans une attitude une fois encore prudente puisque la prémisse de la règle n'est pas tout à fait satisfaite et qu'il est donc généralement difficile d'affirmer que la conclusion de la règle est toujours valide (voir fig. V.8).

Les implications R^M et R^P ont un comportement différent et préservent la conclusion de la règle. Il faut remarquer que, dans certains cas, ce comportement est acceptable. C'est le cas pour une règle que l'on peut appeler d'alerte, telle que « si l'augmentation de pression est grande, le délai d'intervention doit être court », pour laquelle une observation de la forme « l'augmentation de pression est relativement grande » peut raisonnablement conduire à un délai d'intervention court, plutôt que relativement court.

Exemple V.4 : Reprenons l'exemple V.1, en présence d'une observation décrite par la proposition floue « le poids est plutôt élevé », moins spécifique que « le poids est élevé ». Il n'est pas prudent d'en déduire que « le prix est élevé »; par contre, une proposition floue telle que « le prix peut être élevé, mais ce n'est pas certain » ou « le prix est plus ou moins élevé », moins spécifique que la conclusion de la règle, convient et l'une ou l'autre sera obtenue selon l'implication floue choisie.

Portons notre attention sur les implications floues autres que R^M et R^P, dans le cas où A′ ⊇ A. On observe que, si A et A′ ont même noyau (partie de X où leur fonction d'appartenance est égale à 1),

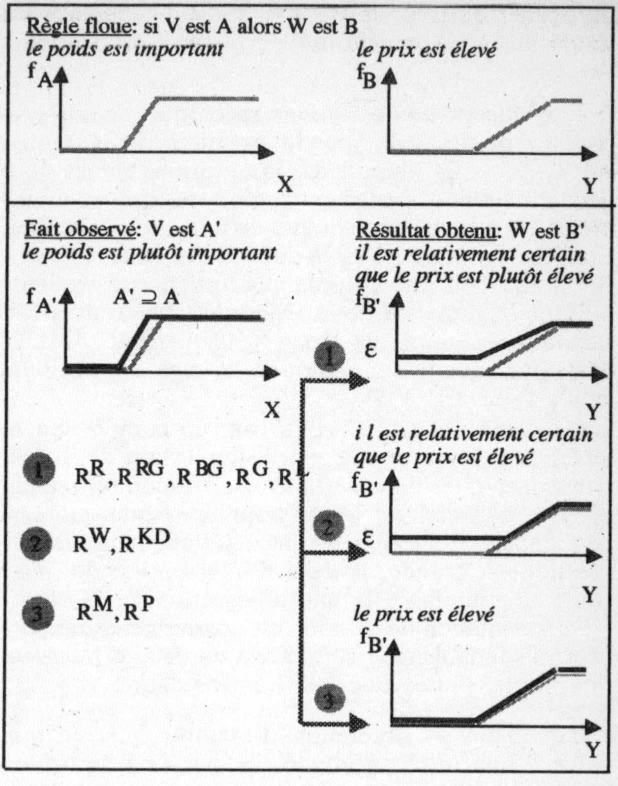

Fig. V.8. — Allure et interprétation de la conclusion obtenue quand l'observation est moins spécifique ou précise que la prémisse de la règle.

il en est de même pour B et B′. Donc, si A et A′ ont même spécificité, A′ étant moins précise que A et/ou plus incertaine, il en est de même pour B et B′.

Si A et A′ ont même support (la spécificité de A′ étant alors inférieure à celle de A), c'est-à-dire que leurs fonctions d'appartenance s'annulent sur le même sous-ensemble de X, alors l'expression du résultat « W est B' » dépend de l'implication floue choisie :

— Soit elle ne comporte pas d'incertitude. Alors B et B′ ont même support, c'est-à-dire que leurs fonctions d'appartenance s'annulent sur le même sous-ensemble de Y, ceci se produisant avec R^{RG}, R^{BG}, R^{G}, R^{M}, R^{P}.

— Soit elle comporte une incertitude ε (c'est-à-dire que ε est la plus petite valeur de la fonction d'appartenance de B′ à l'extérieur du support de B, donc quand la fonction d'appartenance de B est nulle). Ceci se produit avec R^{R}, R^{W}, R^{KD}, R^{L}.

De façon plus générale, l'incertitude sur la conclusion dépend de la différence entre A et A′ et vaut :

$-\varepsilon = \sup_{\{x \in X,\, f_A(x)=0\}} f_{A'}(x)$, avec R^{RG}, R^{BG}, R^{G},

$-\varepsilon = \sup_{x \in X} \mathsf{T}(f_{A'}(x), 1 - f_A(x))$,

avec R^{R}, R^{W}, R^{KD} et R^{L},

pour l'opérateur de modus ponens généralisé T choisi, ce qui donne comme incertitude le plus grand écart entre l'observation et la prémisse :

$$\varepsilon = \sup_{x \varepsilon X} \max(f_{A'}(x) - f_A(x), 0) \quad \text{pour } \mathsf{T}_{\text{Lukasiewicz}}.$$

Remarque : Un cas particulier de cette situation se produit lorsque A′ s'exprime à partir de A par l'intermédiaire d'un modificateur linguistique *m*, avec A′ = *m*(A), (le fait observé est « X est approximativement A » par exemple). Dans la figure V.9, les résultats obtenus sont interprétés en utilisant des modificateurs. Plus précisément, si *m* est défini par une transformation mathématique choisie de façon adéquate, telle que celles données pour m_1 et m_5 dans le chapitre IV.II par exemple, la conclusion obtenue par le modus ponens généralisé est soit de la forme « Y est *m*(B) », soit de la forme « Y est B » avec une incertitude dépendant des paramètres définissant *m*, selon l'implication floue utilisée.

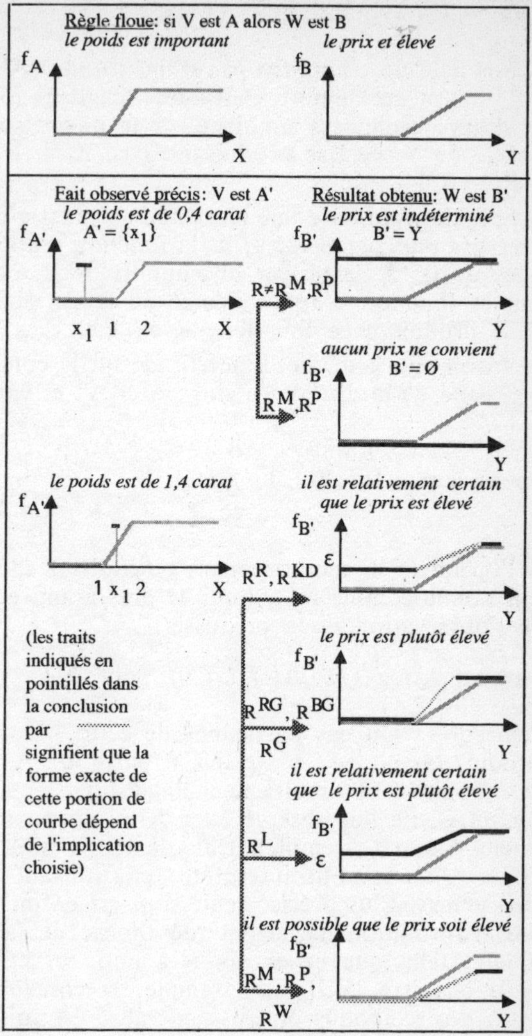

Fig. V.9. — Allure et interprétation de la conclusion obtenue avec une observation précise et une prémisse quelconque.

3. **L'observation est précise et spécifique.** — La prémisse de la règle floue peut être imprécise ou vague, mais le fait observé est parfaitement défini, A′ ayant une fonction d'appartenance égale à 1 en un point x_1 de X et à 0 ailleurs, soit $A' = \{x_1\}$ (voir fig. V.9).

• Dans le cas où la *prémisse* est elle-même *précise et spécifique* avec $A = \{x_0\}$, on obtient évidemment comme résultat la conclusion de la règle floue si $x_1 = x_0$ par un modus ponens ordinaire. Par contre, si $x_1 \neq x_0$, on obtient une conclusion indéterminée, avec B′ de fonction d'appartenance égale à 1 sur tout Y pour toutes les implications floues de la figure V.2, sauf R^M et R^P, qui donnent $B' = \varnothing$, de fonction d'appartenance nulle sur tout Y.

Exemple V.5 : On sait que si la température extérieure est de 18 °C, alors il faut réduire le chauffage et on observe que la température est exactement de 18 °C, on réduit évidemment le chauffage; si l'on observe une température de 17 °C, la règle fournie ne permet pas de conclure.

• Dans le cas où la *prémisse* n'est *pas précise,* on obtient une conclusion d'autant plus proche de B elle-même que l'observation est fortement compatible avec la prémisse. Pour la majorité des implications floues de la figure V.2, on obtient les résultats suivants :

— si $f_A(x_1) = 0$, le fait observé ne convient pas du tout pour utiliser la règle disponible, la conclusion est indéterminée avec B′ de fonction d'appartenance égale à 1 sur tout Y (à 0 avec R^M et R^P),

— si $f_A(x_1) = 1$, le fait observé convient parfaitement à l'utilisation de la règle disponible, la conclusion est B elle-même (sauf avec R^{RG}),

— si $0 < f_A(x_1) < 1$, on obtient une conclusion B′ de même noyau que B mais avec une incertitude ε pour les implications R^R, R^W, R^{KD}, une conclusion moins spécifique (de noyau plus grand) que B en utilisant l'implication floue R^{RG}, R^{BG} ou R^G, et pour

R^L une conclusion à la fois moins spécifique et plus incertaine que B (voir fig. V.9). Les implications R^M, R^P et R^W donnent une conclusion non normalisée.

La figure V.9 met en évidence trois types de déformation de la conclusion B de la règle pour construire le résultat B′ cherché : soit B′ est plus incertain que B (la plus petite valeur de $f_{B'}$ n'est pas nulle), soit B′ est moins spécifique que B (le noyau de B′ est plus grand que celui de B), soit B′ est moins déterminant que B (B′ n'est pas normalisé, c'est-à-dire qu'aucun élément de Y n'est absolument possible). Plusieurs types de déformation peuvent intervenir simultanément.

Remarque : Cette situation est la plus classique dans la commande de processus, les règles étant généralement floues et les faits disponibles étant des mesures produites par des capteurs, donc des valeurs précises des variables.

Exemple V.6 : La règle floue « si le poids d'un diamant est important, alors son prix est élevé », et le fait observé « le poids est de 1,4 carat » permettent une conclusion du type « son prix est relativement élevé », ou « son prix est presque certainement élevé », selon l'implication floue choisie (sauf R^M et R^P) en raison de la bonne compatibilité entre la caractérisation floue « élevé » et le poids indiqué, qui a un degré d'appartenance à « élevé » compris entre 0 et 1 (voir fig. V.9).

4. **La conclusion de la règle est précise, spécifique et certaine.** — Cette situation est très fréquente et correspond à des règles de diagnostic ou de décision comme « si la température extérieure est élevée, alors couper le chauffage ». Le modus ponens généralisé est alors simplifié par l'utilisation des résultats suivants si toutes les règles floues en présence ont une conclusion non floue. La fonction d'appartenance f_B

vaut 1 en un point y_0 de Y et 0 partout ailleurs, soit B = $\{y_0\}$.

La conclusion B′ obtenue est généralement B elle-même (voir fig. V.10), pondérée par une incertitude ε qui vaut :

- $\varepsilon = \sup_{x \in X, f_A(x)=0} (f_{A'}(x))$, avec R^{RG}, R^{BG}, R^{G},
- $\varepsilon = \sup_{x \in X, f_{A'}(x) \geq f_A(x)} T(f_{A'}(x), 1 - f_A(x))$,

pour l'opérateur de modus ponens généralisé T, avec R^R, R^{KD}, R^L (et R^W si noy(A) ∩ noy(A′) ≠ ∅),

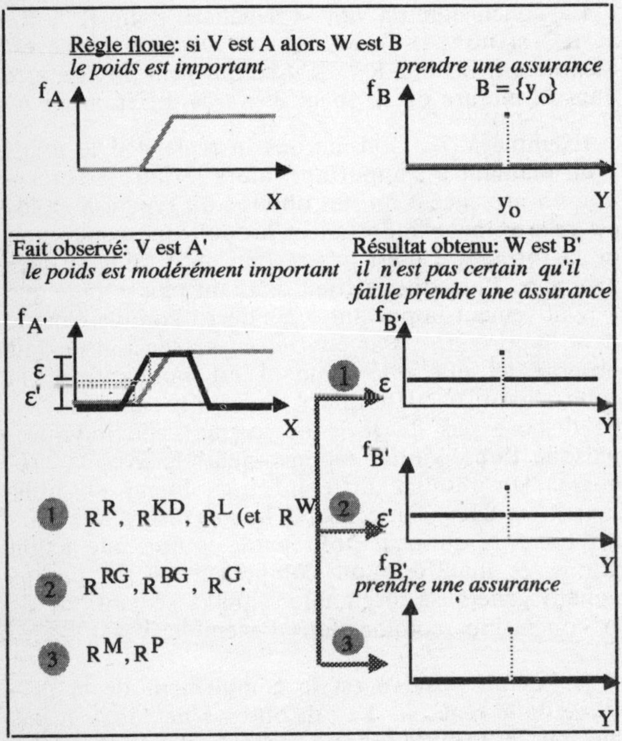

Fig. V.10. — Allure et interprétation de la conclusion obtenue quand la conclusion de la règle floue est précise et certaine.

ce qui correspond au plus grand écart entre A′ et A pour $T_{Lukasiewicz}$, c'est-à-dire :

$$\varepsilon = \sup_{\{x \in X, f_{A'}(x) \geq f_A(x)\}} (f_{A'}(x) - f_A(x)).$$

On remarque que la conclusion est complètement indéterminée dès que supp(A) ∩ noy(A′) ≠ ∅ (il existe un élément de X de degré d'appartenance 1 à A′ et 0 à A). Si l'on utilise R^{RG}, R^{BG}, R^G, l'incertitude est nulle et B est conservée dès que A et A′ ont même support, quelle que soit leur différence.

La conclusion est non normalisée pour R^M, R^P et R^W si noy(A) ∩ noy(A′) ≠ ∅. Sinon, elle est identique à B pour R^M, R^P, ce qui peut être néfaste dans la mesure où A′ peut être très différent de A.

Exemple V.7 : Considérons la règle « si le poids d'un diamant est important, alors le faire assurer » qui, en présence d'un fait observé du type « le poids est relativement important » produit une conclusion de la forme « il n'est pas certain qu'il faille le faire assurer », l'incertitude étant d'autant plus grande que « relativement important » est décrit comme éloigné de « important ». Par contre, en présence d'un fait observé tel que « le diamant est minuscule », la conclusion est indéterminée dans la mesure où l'on ne dispose pas de règle autre que celle indiquée, puisque l'observation est incompatible avec la prémisse. Un résultat différent est obtenu en utilisant R^M ou R^P : on conserve la conclusion « le faire assurer », ce qui peut être regardé comme une action inutile et manifeste un comportement du modus ponens généralisé discutable selon la sémantique de la conclusion, comme dans l'exemple V.4.

5. **Le fait observé est le complément de la prémisse de la règle.** — Le fait observé ne convient pas du tout à l'utilisation de la règle disponible. Par exemple, pour la règle de l'exemple V.1, on observe que le poids n'est pas important. Dans ce cas, la

plupart des implications floues indiquées dans la figure V.2 fournissent un résultat indéterminé, c'est-à-dire tel que $f_{B'}(y) = 1$ pour tout y de Y.

Les exceptions sont encore R^M et R^P, qui donnent $f_{B'}(y) = 0 \ \forall y \in Y$ si l'opérateur de modus ponens généralisé est $T_{Lukasiewicz}$, et une conclusion obtenue par transformation de B si l'on utilise $T_{minimum}$ ou $T_{probabiliste}$.

6. **Le fait observé est identique à la prémisse de la règle, avec une incertitude.** — Ce cas particulier de la situation B est très fréquent dans la pratique. Il correspond à des fonctions d'appartenance telles que :

$$\forall x \in X \quad f_{A'}(x) = \max(f_A(x), \varepsilon).$$

Pour la majorité des implications floues de la figure V.2, la conclusion B′ obtenue est identique à B, avec la même incertitude ε :

$$\forall y \in Y \quad f_{B'}(y) = \max(f_B(y), \varepsilon).$$

Les seules exceptions sont les implications R^M et R^P, qui conservent B comme conclusion du modus ponens généralisé.

Exemple V.8 : Pour poursuivre le même exemple, on observe qu'il est relativement certain, avec un degré de certitude 0,8, que le poids du diamant soit important. On en déduit généralement alors qu'il est relativement certain, avec un degré de certitude 0,8, que son prix est élevé. Par contre, R^M et R^P indiquent qu'il est certain que son prix est élevé.

IV. — Conclusion

Le but de ce chapitre n'est pas de fournir une étude théorique sur la logique floue, mais d'aider à son utilisation. Un grand nombre d'implications floues ont été étudiées par les chercheurs. Les principales sont présentées et comparées ici, dont les deux dernières sont très employées dans la commande floue de processus mais présentent des caractéristiques très particulières; le comportement des autres appartient à des classes différentes selon les situations auxquelles on s'intéresse, qui permettent de guider le choix de l'une d'entre elles.

CHAPITRE VI

RAISONNEMENT POSSIBILISTE

Il concerne des connaissances énoncées sans imprécision ni ambiguïté, sur la vérité desquelles on peut avoir des doutes que l'on exprime par l'intermédiaire de degrés de certitude. Si des informations de nature fréquentielle étaient disponibles, indiquant dans quelle proportion des cas une règle est valide (par exemple : dans 90 % des cas, s'il y a raideur de la nuque, alors une méningite est à diagnostiquer) ou avec quelle probabilité un fait est vrai (par exemple : la cible est atteinte avec une probabilité de 0,87), on pourrait effectuer un raisonnement de nature probabiliste. On suppose ici que l'on ne dispose pas de telles informations et que l'on est seulement capable de dire dans quelle mesure il est possible et il est certain que les règles sont valides et que les faits sont vrais. Des coefficients sont attribués subjectivement par un expert, ou bien déduits de mesures de possibilité et de nécessité affectées aux propositions représentant ces connaissances, qui sont des propositions logiques classiques. Un raisonnement utilisant de telles propositions pourrait être fondé, en l'absence d'incertitude, sur le *modus ponens* et le *modus tollens* (rappelés dans la figure IV.4). En présence d'incertitude, on utilise une généralisation de ces méthodes qui conduit à des conclusions de même type que les données dont on dispose, c'est-à-dire précises mais soumises à des incertitudes.

I. — Mesures de possibilité et de nécessité de propositions logiques

Pour déterminer les degrés avec lesquels il est possible et il est certain que les propositions énoncées sont vraies, nous allons utiliser les notions de mesure de possibilité et de mesure de nécessité qui ont été introduites dans le chapitre III. Les relations entre algèbre des ensembles et calcul propositionnel permettent de déduire des propriétés qui les caractérisent des considérations concernant des propositions logiques $p, q, \ldots$ d'une algèbre booléenne **A**, munie des opérations de conjonction $\wedge$, de disjonction $\vee$ et de négation $\neg$.

Soit Π une mesure de possibilité et N une mesure de nécessité définies sur **A** et prenant leurs valeurs entre 0 et 1. Si 0 et 1 dénotent respectivement les propositions toujours fausse et toujours vraie, elles sont respectivement associées aux parties $\varnothing$ et **A** et elles vérifient $\Pi(0) = 0$, $\Pi(1) = 1$, $N(0) = 0$, $N(1) = 1$, et, quelles que soient les propositions p et q,

$$\Pi(p \vee q) = \max(\Pi(p), \Pi(q)),\ \Pi(p \vee q) \geq \Pi(p),$$
$$N(p \wedge q) = \min(N(p), N(q)),\ N(p \wedge q) \leq N(p).$$

De plus, mesures de possibilité et de nécessité doivent être liées par la relation $\max(\Pi(p), 1 - N(p)) = 1$.

Exemple VI.1 : Les propositions p et q représentent respectivement « la hauteur de l'arbre appartient à l'intervalle [9 m, 12 m] » avec une certitude de 0,8 et « la hauteur de l'arbre appartient à l'intervalle [10 m, 13 m] » avec une certitude de 0,6, on déduit que $N(p) = 0{,}8$, $N(q) = 0{,}6$, et par conséquent la hauteur de l'arbre appartient à l'intervalle [10 m, 12 m] (conjonction des propositions) avec une certitude $\min(0{,}8,\ 0{,}6) = 0{,}6$.

Utilisons maintenant les propriétés des mesures de possibilité et de nécessité qui font intervenir le complément d'un sous-ensemble. Elles indiquent qu'une proposition p et sa négation $\neg p$ satisfont :

$$\max(\Pi(p), \Pi(\neg p)) = 1,\ \min(N(p),\ N(\neg p)) = 0,$$
$$\text{et } \Pi(p) = 1 - N(\neg p).$$

Si la proposition p est telle que $\Pi(p) = 0$ (et donc $N(p) = 0$) alors elle est fausse. Si elle est telle que

$N(p) = 1$, (et donc $\Pi(p) = 1$) alors elle est vraie de façon certaine. Par contre, les valeurs $\Pi(p) = 1$ et $N(p) = 0$ (donc $\Pi(\neg p) = 1$) ne fournissent aucune information sur la vérité de p.

Exemple VI.2 : Soit p = « Paul viendra demain », s'il est tout à fait possible ($\Pi(p) = 1$) mais pas du tout certain ($N(p) = 0$) que p soit vraie, il est également tout à fait possible ($\Pi(\neg p) = 1$) mais pas du tout certain ($N(\neg p) = 0$) que Paul ne vienne pas demain et sa venue est indéterminée.

Plus généralement, si $N(p) \neq 0$, alors $\Pi(p) = 1$, mais si $\Pi(p) \neq 1$, alors $N(p) = 0$. Concrètement, $\Pi(p)$ représente le coefficient, compris entre 0 et 1, que l'on attribue au fait que p soit susceptible d'être vraie, et $N(p)$ mesure le degré de certitude, également compris entre 0 et 1, que l'on possède sur cette vérité. L'incertitude sur cette vérité vaut donc $1 - N(p)$, soit aussi $\Pi(\neg p)$. Une proposition est d'autant moins certaine que la proposition contraire est possible.

II. — Modus ponens et modus tollens avec incertitudes

Pour deux propositions p et q, une règle de déduction de la forme :

(R) : « si p est vraie, alors q est vraie »,

associée à la proposition $p \rightarrow q$, est équivalente à $\neg p \vee q$ puisque l'on se situe en logique classique. En l'absence de toute incertitude sur la vérité des diverses propositions, on obtiendrait les schémas de raisonnement du modus ponens et du modus tollens.

Supposons maintenant que la vérité des diverses propositions p, q, $p \rightarrow q$ soit mal connue et qu'elle soit donc caractérisée par l'intermédiaire de mesures de possibilité et de nécessité, respectivement notées Π et N. L'absence d'incertitude devient alors un cas particulier, avec $N(p) = \Pi(p) = 1$ si p est vraie, $N(p) = \Pi(p) = 0$ si p est fausse.

Dans quelle mesure peut-on déduire une information sur la vérité de q ou la fausseté de p, si l'on sait que la règle de déduction (R) est vraie, éventuellement avec une certaine incertitude, et que l'on dispose de renseignements sur la vérité de p ou de q? Les connaissances que l'on a sur les propositions p, q et $p \rightarrow q$ peuvent alors être plus ou moins complètes, certaines seulement relatives à la nécessité d'une proposition, d'autres à sa possibilité, le cas le plus favorable étant bien sûr celui où l'on dispose de tous les renseignements possibles.

1. **Modus ponens avec incertitudes.** — Par affaiblissement des conditions du modus ponens classique, on définit une forme de modus ponens en considérant que la mesure de nécessité et/ou de possibilité des propositions connues est « grande », sinon égale à 1. On obtient alors le schéma ci-dessous, pour des coefficients a et b appartenant à l'intervalle $]0, 1]$:

$$\frac{\begin{array}{l}\text{Si } \; N(p \rightarrow q) \geq a \\ \text{Et } \; N(p) \geq b\end{array}}{\text{Alors } \; N(q) \geq \min(a, b),}$$

ce qui s'interprète de la façon suivante : si l'on est certain, au moins avec un degré a, de pouvoir déduire que q est vraie lorsque p l'est, et si p est connue comme vraie avec une certitude au moins égale à b, alors on peut conclure que q est vraie avec une certitude au moins égale à la plus petite des deux valeurs a et b. Le cas où $a = b = 1$ correspond au modus ponens classique.

Concrètement, si la règle (R) est donnée comme valide, avec néanmoins un degré d'incertitude $1 - a$ et si l'on est presque sûr que la proposition p intervenant dans sa prémisse est vraie, avec un coefficient $1 - b$ d'incertitude, il est tout à fait raisonnable de penser que q est également vraie, l'incertitude sur sa vérité étant au plus égale à la plus grande des deux valeurs $(1 - a)$ et $(1 - b)$.

Exemple VI.3 : Soit la règle « si la hauteur de l'arbre dépasse 9 m, alors l'élaguer », affectée d'un coefficient de certitude $a = 0{,}8$. Un arbre particulier caractérisé par « la hauteur dépasse 9 m », avec une certitude $b = 0{,}7$, conduit à la décision d'élaguer presque certainement, avec une certitude au moins égale à $\min(0{,}8,\ 0{,}7) = 0{,}7$.

D'autres formes de modus ponens avec incertitudes sont possibles, si l'on connaît des mesures de possibilité associées à certaines des propositions logiques, au lieu des mesures de nécessité. Citons par exemple les formes simples suivantes, pour des coefficients a' et b' appartenant à l'intervalle $]0, 1]$:

- Si $N(p \to q) = 1$
  Et $\Pi(p) \geq b'$
  ———
  Alors $\Pi(q) \geq b'$,

- Si $\Pi(p \to q) \geq a'$
  Et $N(p) = 1$,
  ———
  Alors $\Pi(q) \geq a'$,

qui s'interprètent de la façon suivante : pour la première, si la règle (R) est certaine, et si la possibilité que p soit vraie vaut au moins b', alors la possibilité que q soit vraie vaut au moins b' également; pour la seconde, si la vérité de la proposition p est certaine, et si la possibilité que la vérité de p entraîne celle de q vaut au moins a', alors la possibilité pour que q soit vraie vaut au moins a' également.

2. **Modus tollens avec incertitudes.** — De façon analogue, une extension du modus tollens peut être mise en évidence sous la forme du schéma ci-dessous, pour un coefficient b'' appartenant à l'intervalle $[0, 1[$:

Si $N(p \to q) \geq a$
Et $\Pi(q) \leq b''$
———
Alors $\Pi(p) \leq \max(1 - a,\ b'')$,

ce qui peut s'interpréter de la façon suivante : si l'on est certain, au moins avec un degré a, de pouvoir déduire que p est fausse lorsque q l'est, (puisque $p \to q$ est aussi $\neg q \to \neg p$) et s'il est tout à fait possible que $\neg q$ soit vraie, avec une certitude au moins égale à $1 - b''$ (puisque $N(\neg p) = 1 - \Pi(p)$) alors on peut conclure que $\neg p$ est vraie avec une certitude au moins égale à la plus petite des deux valeurs a et $1 - b''$. Le cas où $a = 1$, $b = 0$ correspond au modus tollens classique.

Concrètement, si la règle (R) est donnée comme vraie, avec un degré d'incertitude $1 - a$ et si l'on est presque sûr que la proposition q intervenant dans son conséquent est fausse, avec un coefficient d'incertitude b'', on peut conclure que p est fausse, l'incertitude sur sa fausseté étant au plus égale à la plus grande des deux valeurs $(1 - a)$ et b''.

Exemple VI.4 : Reprenons la règle de l'exemple VI.3, et une observation concernant un arbre particulier de la forme « il est possible qu'il ait été élagué », avec un degré de possibilité au plus égal à 0,1. On en déduit alors qu'il est possible que sa hauteur dépasse 9 m, avec un coefficient au plus égal à max(0,2, 0,1) = 0,1.

Une autre forme de modus tollens repose sur l'utilisation de la mesure de nécessité de q. Indiquons-en le cas particulier simple suivant :

$$\frac{\begin{array}{l}\text{Si } N(p \to q) = 1 \\ \text{Et } N(q) \le b''\end{array}}{\text{Alors } N(p) \le b'',}$$

ce qui s'interprète comme suit : si l'on est certain de pouvoir déduire que p est fausse lorsque q l'est, et si la vérité de q est peu certaine, avec une certitude au plus égale à b''', la certitude que l'on possède sur la vérité de p est du même ordre de grandeur.

III. — Formulation matricielle

1. Cas général. — Les hypothèses que l'on a utilisées dans chacun des schémas précédents représentaient certaines connaissances sur les liens entre p

et q, sur la vérité ou la fausseté de p ou q, mais ne les prenaient pas toutes en compte et étaient donc, dans une certaine mesure, incomplètes. Elles utilisaient la possibilité et la nécessité attachées à l'implication $p \rightarrow q$.

On obtient des résultats plus forts en considérant la possibilité et la nécessité conditionnelles de q sachant p, et en tenant compte de tous les liens entre p et q. La notion de possibilité conditionnelle $\Pi(q|p)$, qui correspond au degré avec lequel il est possible que la proposition q soit vraie sachant que la proposition p est vraie, a été introduite au chapitre III.I.3 et elle prend ici la forme suivante :

$$\Pi(p \wedge q) = \min(\Pi(q|p),\ \Pi(p)),$$

celle de nécessité conditionnelle est donnée par :

$$N(q|p) = 1 - \Pi(\neg q|p).$$

Prendre en compte tous les liens entre p et q revient à considérer que la connaissance sur la vérité de q est une conséquence des deux types d'information suivants :

(i) on a des raisons de penser que p est vraie et l'on connaît la certitude $N(q|p)$ attribuée à la vérité de q lorsque p est vraie, par l'intermédiaire de la règle « si p est vraie alors q est vraie ». On connaît alors aussi $\Pi(q|p) = 1 - N(\neg q|p)$;

(ii) on a des raisons de penser que la proposition p est fausse et l'on connaît la certitude $N(q|\neg p)$ attribuée à la vérité de q lorsque p est fausse, par l'intermédiaire de la règle « si non p est vraie alors q est vraie ». On connaît alors aussi $\Pi(q|\neg p) = 1 - N(\neg q|\neg p)$.

Des considérations analogues peuvent être formulées pour la vérité de $\neg q$.

On en déduit, en écrivant que $q = (q \wedge p) \vee (q \wedge \neg p)$

et en utilisant les propriétés des mesures de possibilité, que la mesure de possibilité attribuée à q vaut :

$$\Pi(q) = \max\{\min[\Pi(q|p), \Pi(p)], \\ \min[\Pi(q|\neg p), \Pi(\neg p)]\}$$

de même en ce qui concerne $\neg q$:

$$\Pi(\neg q) = \max\{\min[\Pi(\neg q|p), \Pi(p)], \\ \min[\Pi(\neg q|\neg p), \Pi(\neg p)]\}.$$

Ces deux expressions un peu compliquées se résument en considérant, comme pour la composition de relations floues, le produit matriciel (symbolisé par $*$) dans lequel le produit habituel est remplacé par le min, l'addition habituelle par le max :

$$\begin{bmatrix} \Pi(q) \\ \Pi(\neg q) \end{bmatrix} = \begin{bmatrix} \Pi(q|p) & \Pi(q|\neg p) \\ \Pi(\neg q|p) & \Pi(\neg q|\neg p) \end{bmatrix} * \begin{bmatrix} \Pi(p) \\ \Pi(\neg p) \end{bmatrix}.$$

On associe donc aux deux propositions p et q la matrice carrée suivante :

$$M(p, q) = \begin{bmatrix} \Pi(q|p) & \Pi(q|\neg p) \\ \Pi(\neg q|p) & \Pi(\neg q|\neg p) \end{bmatrix},$$

dont on remarque que la colonne de gauche concerne la règle symbolisée par « si p est vraie alors q est vraie », puisque $\Pi(\neg q|p) = 1 - N(q|p)$ représente l'incertitude sur la vérité de q lorsque l'on suppose que p est vraie et $\Pi(q|p)$ la possibilité pour que q soit vraie lorsque l'on suppose que p l'est. De même, la colonne de droite concerne la règle symbolisée par « si $\neg p$ est vraie alors q est vraie ». Notons également qu'il doit exister au moins un 1 dans chacune de ces colonnes en raison du fait que $\max(\Pi(A), \Pi(\neg A)) = 1$ quel que soit A.

En particulier, des propositions p et q associées à une matrice $M(p, q) = \begin{bmatrix} 1 & 0 \\ 0 & 1 \end{bmatrix}$ sont équivalentes puisque, lorsque p est vraie, il est certain que l'on peut en déduire que q est vraie, en raison de la première colonne, et lorsque p est fausse, il est impossible d'obtenir que q soit vraie, en raison de la deuxième colonne.

2. **Connaissances incomplètes sur les règles et/ou les propositions.** — Il est parfois difficile d'obtenir tous les coefficients de la matrice associée à deux propositions p et q, des connaissances sur une règle « si p est vraie, alors q est vraie » n'étant pas forcément disponibles en même temps que des connaissances sur la règle symétrique « si $\neg p$ est vraie, alors q est vraie ». Dans ce cas, on peut utiliser des sous-intervalles de [0, 1], éventuellement l'intervalle [0, 1] lui-même, pour décrire l'ensemble des valeurs prises par l'un ou l'autre des éléments de la matrice associée aux propositions p et q. Supposons par exemple que seuls les coefficients associés à $p \rightarrow q$ soient connus, la matrice sera alors de la forme :

$$M(p, q) = \begin{bmatrix} \Pi(q \mid p) & [0, 1] \\ \Pi(\neg q \mid p) & [0, 1] \end{bmatrix}.$$

Les connaissances sur la proposition p peuvent également être incomplètes. Il est alors nécessaire de pouvoir effectuer le produit matriciel indiqué plus haut pour obtenir une information, même imprécise, sur la vérité de la proposition q. Pour ce faire, on utilise les opérations min et max pour des sous-intervalles de [0, 1] en respectant les lois suivantes :

$$\min([a, b], [g, d]) = [\min(a, g), \min(b, d)]$$
$$\max([a, b], [g, d]) = [\max(a, g), \max(b, d)],$$

le cas où certaines valeurs sont précisément connues étant considéré comme un cas particulier, avec $a = [a, a]$.

Exemple VI.5 : Supposons que $\Pi(p) = 1$ et que $\Pi(\neg p)$ soit indéterminé dans l'intervalle [0, 1]. On trouve les valeurs de $\Pi(q)$ et $\Pi(\neg q)$ par :

$$\begin{bmatrix} \Pi(q) \\ \Pi(\neg q) \end{bmatrix} = \begin{bmatrix} \Pi(q \mid p) & [0, 1] \\ \Pi(\neg q \mid p) & [0, 1] \end{bmatrix} * \begin{bmatrix} 1 \\ [0, 1] \end{bmatrix}$$

$$= \begin{bmatrix} [\Pi(q \mid p), 1] \\ [\Pi(\neg q \mid p), 1] \end{bmatrix}.$$

Donc $\Pi(q)$ est indéterminé entre les valeurs $\Pi(q|p)$ et 1, et $\Pi(\neg q)$ également, entre les valeurs $\Pi(\neg q|p)$ et 1. Il est sûr que l'une de ces deux valeurs est égale à 1, mais les données dont on dispose ne permettent pas de déterminer laquelle.

Le cas particulier du modus ponens classique correspond à la situation où l'on dispose seulement d'informations, certaines, sur le fait que q sera vraie si p l'est et p est connue comme vraie de façon certaine. On en déduit que q est vraie de façon certaine car :

$$\begin{bmatrix} 1 & [0, 1] \\ 0 & [0, 1] \end{bmatrix} * \begin{bmatrix} 1 \\ 0 \end{bmatrix} = \begin{bmatrix} 1 \\ 0 \end{bmatrix}.$$

Exemple VI.6 : Considérons les règles suivantes :

« si le véhicule est un camion, il roule lentement », avec une possibilité égale à 1 et une incertitude 0,2;

« si le véhicule n'est pas un camion il roule lentement », avec une possibilité 0,3 et donc une incertitude 1.

Supposons que l'on pense que le véhicule que l'on aperçoit sur la route soit un camion, avec une incertitude 0,4. Dans quelle mesure peut-on affirmer qu'il roule lentement ? On peut l'affirmer avec un degré de possibilité $\Pi(q)$ et d'incertitude $\Pi(\neg q)$ obtenus par :

$$\begin{bmatrix} \Pi(q) \\ \Pi(\neg q) \end{bmatrix} = \begin{bmatrix} 1 & 0,3 \\ 0,2 & 1 \end{bmatrix} * \begin{bmatrix} 1 \\ 0,4 \end{bmatrix} = \begin{bmatrix} 1 \\ 0,4 \end{bmatrix}.$$

Supposons maintenant que l'on observe un véhicule dont on peut affirmer avec une incertitude de 0,2 qu'il va lentement et dont il est tout à fait possible que ce soit un camion. Quelle certitude a-t-on sur le fait que ce soit un camion ? Notons $1 - \alpha$ cette certitude. On a alors :

$$\begin{bmatrix} 1 \\ 0{,}2 \end{bmatrix} = \begin{bmatrix} 1 & 0{,}3 \\ 0{,}2 & 1 \end{bmatrix} * \begin{bmatrix} 1 \\ \alpha \end{bmatrix}$$

$$= \begin{bmatrix} 1 \\ \max(0{,}2, \alpha) \end{bmatrix},$$

ce qui indique que $\alpha \leq 0{,}2$. Le véhicule est donc un camion avec une certitude d'au moins 0,8.

IV. — Conclusion

Si la logique floue intervient dans le cas où les degrés de vérité des propositions sont intermédiaires entre 0 et 1, la logique possibiliste concerne des degrés d'incertitude sur les propositions. Elles sont donc de nature différente, même si la logique floue possède la capacité de manipuler également des degrés d'incertitude.

CHAPITRE VII

COMMANDE FLOUE

La commande floue est le domaine dans lequel il existe le plus de réalisations effectives, en particulier industrielles. Son but est de traiter des problèmes de commande de processus, le plus souvent à partir des connaissances des experts ou d'opérateurs qualifiés travaillant sur le processus. On peut citer par exemple la commande de machines-outils, de groupes d'ascenseurs, d'appareils électroménagers, de caméras, de voitures ou d'hélicoptères sans pilote, de métro, dont des réalisations existent au Japon.

I. — Caractéristiques de la commande floue

La commande floue a le même but qu'une commande réalisée en automatique classique, c'est-à-dire la gestion automatique d'un processus, en fonction d'une consigne donnée, par action sur les variables qui décrivent le processus. Elle en diffère cependant sur les points suivants :

— La connaissance mathématique du fonctionnement du processus n'est pas nécessaire. C'est le savoir-faire de l'opérateur qualifié manipulant habituellement le processus ou les connaissances d'experts qui sont prises en compte pour mettre au point la commande floue. Si l'on se réfère à la conduite d'une voiture, par exemple, il n'est pas nécessaire de savoir comment fonctionne le moteur pour en réaliser une commande floue, il suffit de savoir comment agit un conducteur expérimenté.

— Des variables caractérisées subjectivement sont utilisables. Les sens humains (toucher, vue, ...) peuvent par exemple être modélisés. On utilise des critères décrits linguistiquement ou dont les qualifications sont mal définies, comme la beauté d'une couleur ou le confort d'un passager.

Par conséquent, la réalisation d'un contrôleur flou est particulièrement recommandée lorsque le processus à commander est mal connu, ou difficile à décrire précisément, par exemple en raison d'une trop grande complexité. Elle est également très utile lorsque les variables intervenant dans le processus sont caractérisées de façon imprécise ou lorsque des connaissances sont exprimées en langage naturel et non numériquement.

La commande floue est intéressante pour les raisons suivantes :

— La synthèse des avis de plusieurs experts est facilement réalisée.

— La coordination de plusieurs objectifs est possible.

— La commande est simple à réaliser, donc flexible et facilement adaptable aux conditions de fonctionnement du processus ou à une utilisation particulière.

— Elle est reconnue comme robuste, c'est-à-dire qu'elle résiste bien aux perturbations qui peuvent affecter le processus.

II. — Configuration générale d'un contrôleur flou

Un contrôleur flou peut être vu comme un système expert simple fonctionnant à partir d'une représentation des connaissances basée sur les ensembles flous. Il est décrit dans la figure VII.1. La base de connaissances contient les définitions des termes utilisés dans la commande et les règles caractérisant la cible de la commande et décrivant la conduite de l'expert. Un module d'interface avec le flou établit

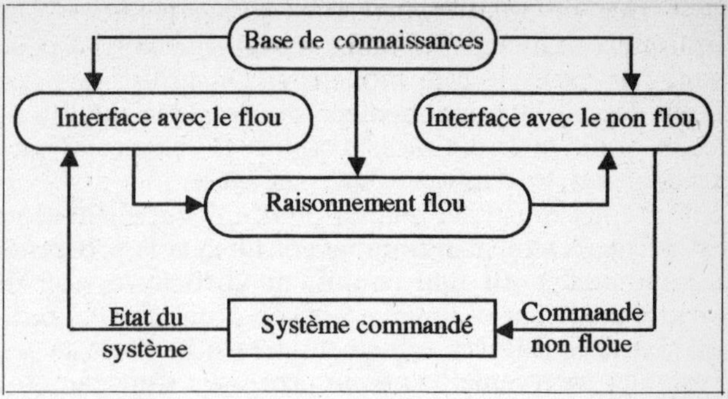

Fig. VII.1. — Configuration générale d'un contrôleur flou.

une représentation des connaissances adéquate et définit les caractérisations floues des variables correspondant à des qualifications linguistiques. Le module d'interface avec le non flou détermine une action précise à partir de descriptions floues des variables de sortie. Chaque état du système à commander passe par le filtre de l'interface avec le flou avant d'être traité par le module de raisonnement à partir des connaissances de la base. Le résultat flou ainsi obtenu passe par le second filtre, celui de l'interface avec le non flou, qui fournit une commande précise, non floue, directement applicable au système à commander.

III. — Principe de la commande floue

1. Approche générale. — Pour représenter le processus, on envisage toutes les caractérisations possibles des variables qui décrivent l'état dans lequel il se trouve (la pression, la position...). Puis on indique comment doivent être caractérisées les variables qui permettent d'agir sur le processus (l'ouverture de la valve, l'angle de braquage...) en fonction de chacune de ces descriptions, d'après l'avis de l'expert ou de l'opérateur spécialisé, de façon à respecter une consigne de fonctionnement du processus (valeur de la pression, ligne de route...).

Exemple VII.1 : Considérons la conduite automatique d'une voiture sans pilote. La voiture a pour consigne de suivre un chemin, par exemple matérialisé par des marqueurs de couleur. On peut exprimer une règle telle que (*r*) : si la voiture s'écarte un peu du chemin, mais que la direction suivie est à peu près bonne, alors il faut braquer légèrement pour se rapprocher du chemin. On indique de façon analogue ce qu'il faut faire pour tout écart de la voiture par rapport au chemin et pour toute déviation par rapport à la direction suivie.

L'ensemble des règles fait intervenir des descriptions linguistiques (« s'écarte un peu », « à peu près bonne »). Pour les exploiter, on détermine les variables impliquées. Ce sont, d'une part les variables d'entrée mises en jeu dans la partie condition des règles (déviation de position, déviation d'angle par rapport au chemin dans l'exemple VII.1), d'autre part les variables de sortie mises en jeu dans la partie conclusion des règles (angle de braquage). On recherche ensuite toutes les caractérisations d'une même variable (« s'écarte un peu », « s'écarte fortement ») et on les représente par des sous-ensembles flous de l'ensemble de définition de la variable de telle sorte que toute situation soit envisagée, c'est à dire que tout point de l'ensemble appartienne avec un degré non nul à au moins un de ces sous-ensembles flous. Des fonctions d'appartenance triangulaires ou trapézoïdales sont souvent choisies, mais d'autres types de courbes sont utilisables, tels que des sinusoïdes ou des exponentielles. Les règles sont alors transcrites en utilisant les descriptions floues des variables, soit en liste, soit en tableau résumant les diverses situations (voir fig. VII.2).

A un instant donné, des capteurs ou des instruments de mesure fournissent les valeurs des variables d'entrée caractérisant l'état du système (par exemple,

Forme des fonctions d'appartenance pour les caractérisations de déviation de position ΔX, de déviation d'angle Δθ et d'angle de braquage B.

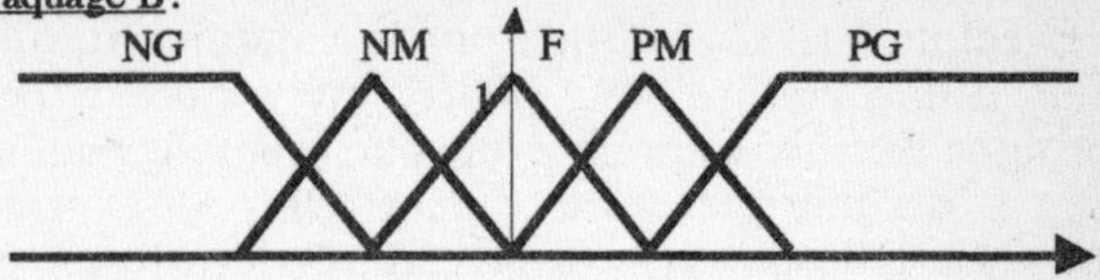

Règles de déduction avec conclusion relative à B.

Δθ \ ΔX	NG	NM	F	PM	PG
NG	...	...	...	...	...
NM	...	NG	...	...	...
F	NG	NM	F	PM	PG
PM	...	...	...	PG	...
PG	...	...	...	...	...

- si ΔX est négatif moyen (NM) et si Δθ est négatif moyen (NM) alors B est négatif grand (NG),
- si ΔX est positif moyen (PM) et si Δθ est faible (F) alors B est positif moyen (PM) ...

Fig. VII.2. — Exemple de commande floue de véhicule autonome.

la valeur précise de la déviation de position est de 1 pixel et celle de la déviation d'angle de 0,20 radian).

Ces valeurs sont alors utilisées pour instancier les règles par l'intermédiaire d'une méthode de raisonnement flou, dont la plus utilisée est celle de Mamdani (voir paragraphe 5). On obtient un résultat flou en utilisant toutes les règles, puis on détermine l'élément de l'ensemble de définition de la variable de sortie qui représente au mieux ce résultat. On en déduit une action précise à réaliser (l'angle précis dont doit braquer la voiture).

2. **Formalisation.** — Les connaissances sur le processus sont décrites à partir de variables linguistiques (V_1, X_1, T_1), (V_2, X_2, T_2) définies sur des univers ordonnés X_1, X_2 correspondant aux variables d'entrée

du processus, comme cela a été introduit dans le paragraphe IV.1 et d'une variable linguistique (W, Y, T) définie sur l'univers ordonné Y correspondant à la variable de sortie W. Nous nous limitons ici à ce cas simple que l'on peut facilement étendre à un plus grand nombre de variables impliquées. On détermine les fonctions d'appartenance des caractérisations de chacun des ensembles T_1, T_2 et T de telle sorte que l'union de leurs supports soit l'univers X_1, X_2 ou Y tout entier, c'est-à-dire que chaque famille de caractérisations constitue une partition floue de l'univers (fig. VII.3).

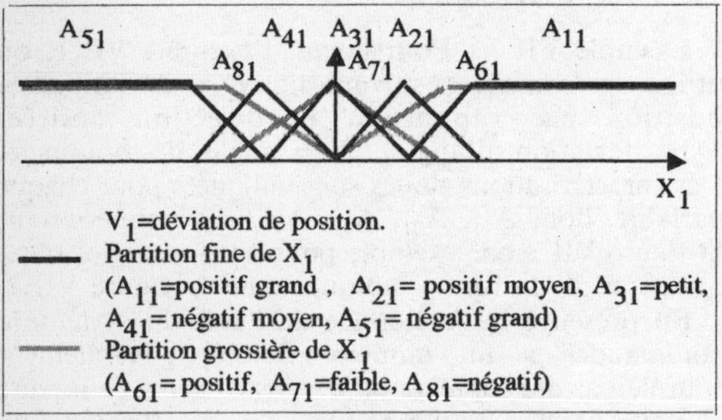

Fig. VII.3. — Exemple de partitions floues d'un univers par des caractérisations de la variable.

Les connaissances sont ensuite exprimées sous la forme de règles qui disent par exemple que, si la première variable V_1 est qualifiée par la description floue A_{11} de T_1 et si la deuxième variable V_2 est qualifiée par la description floue A_{12} de T_2, alors il faut que la variable W permettant de réaliser la commande soit caractérisée par la description floue B_1 de T. Formellement, les règles s'écrivent :

(R1) Si V_1 est A_{11} et V_2 est A_{12} alors W est B_1
(R2) Si V_1 est A_{21} et V_2 est A_{22} alors W est B_2, ...

dans lesquelles A_{11}, A_{21}, ... (respectivement A_{12}, A_{22}, ...)

sont des sous-ensembles flous de X_1 (respectivement de X_2) appartenant à T_1 (respectivement T_2) et représentant une partition floue des valeurs possibles prises par V_1 (respectivement V_2), et B_1, B_2, ... sont des sous-ensembles flous de Y appartenant à T et représentant des valeurs possibles prises par W (fig. VII.2).

La partition de son univers dont on se sert pour caractériser chaque variable est plus ou moins fine selon le nombre de sous-ensembles flous considérés dans l'ensemble des règles pour une même variable linguistique, et donc selon les ensembles de termes T_1, T_2 et T considérés.

Exemple VII.2 : Poursuivant l'exemple VII.1, on utilise les variables suivantes : V_1 = déviation de position par rapport à la direction désirée, V_2 = déviation d'angle, W = angle de braquage. Des caractérisations floues sont indiquées pour chaque variable, dont A_{11}, A_{21}, A_{31}, A_{41}, A_{51} données dans la figure VII.3 par exemple pour V_1. Les règles obtenues sont de la forme indiquée dans la figure VII.2.

En présence de la donnée de l'état du système à commander à un moment donné, généralement fournie par des capteurs ou des instruments de mesure et donc précise, par exemple $V_1 = x_1$, $V_2 = x_2$, on cherche une caractérisation non floue B de la variable de commande W conduisant à une action directe sur le processus à commander.

La réalisation de la commande floue passe par les trois étapes suivantes :

E1) pour chaque règle, utiliser la caractérisation de l'état du système pour obtenir un résultat intermédiaire,

E2) pour l'ensemble des règles, agréger les résultats intermédiaires obtenus,

E3) déduire une action non floue du résultat de l'agrégation.

Les étapes E2 et E3 peuvent éventuellement être confondues en une seule.

On peut principalement distinguer deux approches méthodologiques possibles passant, soit par la logique floue, soit par des interpolations.

IV. — Méthode logique générale

1. **Obtention des résultats intermédiaires (étape E1).** — Pour une règle donnée, par exemple R1, on remarque que les conditions de la commande floue sont identiques à celles indiquées pour le modus ponens généralisé (voir le chapitre V.II) :

Règle R1 : Si V_1 est A_{11} et V_2 est A_{12} alors W est B_1,
Fait : $V_1 = x_1$ et $V_2 = x_2$,
Conclusion : W est B'_1.

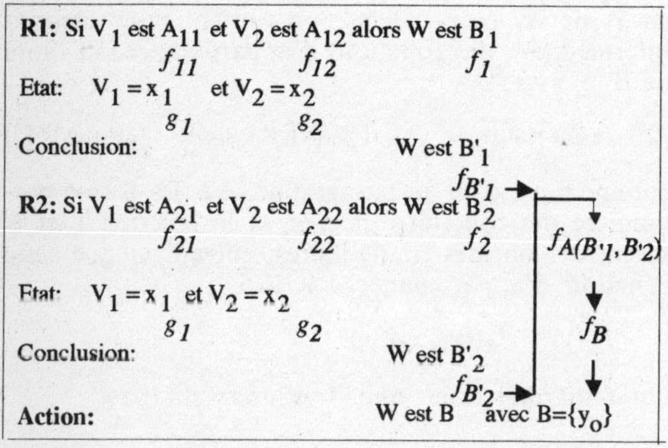

Fig. VII.4. — Exemple de commande floue par la méthode logique (fonctions d'appartenance en italiques).

L'étape E1 de la commande floue revient à utiliser une règle en présence d'une donnée qui convient imparfaitement à sa condition d'utilisation, c'est-à-dire à effectuer un modus ponens généralisé et, donc, à choisir l'une des implications floues R, selon leurs spécificités indiquées dans le chapitre V.III.

La prémisse des règles étant complexe dans le cas général, c'est-à-dire faisant intervenir plusieurs variables, V_1 et V_2 par exemple pour la règle R1, un opérateur de conjonction $*$ (une norme triangulaire, généralement $T_{Zadeh} = \min$) doit également être déterminé pour définir le sous-ensemble flou conjoint associé à toute la prémisse de la règle, $A_{11} \times A_{12}$ par exemple pour R1.

Cette étape fournit une caractérisation floue B_i' de la variable de commande W, pour chaque règle Ri, $i = 1, 2, \ldots$

Remarque : Soit T un opérateur de modus ponens généralisé. Considérons la règle R1. Si l'on dénote par g_1 et g_2 les fonctions d'appartenance de l'observation, qui sont nulles partout sauf respectivement en x_1 de X_1 et x_2 de X_2, on obtient pour résultat intermédiaire la fonction d'appartenance suivante de B_1' : $\forall y \in Y$

$$f_{B_1'}(y) = \sup_{x \in X_1, x' \in X_2} T[g_1(x) * g_2(x'), \quad f_R((x, x')\, y)]$$

comme il a été vu au paragraphe V.2. La forme particulière des fonctions g_1 et g_2 et le fait que T et $*$ soient des normes triangulaires, entraînent que cette fonction d'appartenance s'écrit :

$$f_{B_1'}(y) = f_R((x_1, x_2), y).$$

On remarque donc que T n'intervient pas.

2. **Agrégation des résultats intermédiaires (étape E2).** — Chacune des règles donnant une caractérisation de la variable de commande W, il convient d'en faire une synthèse pour parvenir à une décision. L'étape E2 de la commande nécessite donc le choix d'un opérateur d'agrégation pour déterminer une caractérisation floue $A(B_1', B_2', \ldots)$ à partir des résultats intermédiaires $B_1', B_2', \ldots$ Les règles qui ne sont pas concernées par l'observation ne doivent pas intervenir dans la synthèse; or elles donnent (voir

chapitre V.III.3) $f_{B_1'}(Y) = 0$ pour tout y de Y si l'on utilise R^M, R^P et $f_{B_1'}(y) = 1$ pour tout y de Y sinon. Il faut donc utiliser un opérateur d'agrégation qui admette 0 pour élément neutre dans le premier cas, par exemple une t-conorme, et qui admette 1 pour élément neutre dans le deuxième cas, par exemple une t-norme.

C'est généralement l'opérateur $\perp_{Zadeh}$ ou $\top_{Zadeh}$ qui est respectivement choisi, donnant un résultat agrégé de fonction d'appartenance :

— $\forall y \in Y \quad f_{A(B_1',B_2'...)}(y) = \max_{i=1,2,...} f_{B_i'}(y)$,

avec l'implication floue R^M ou R^P,

— $\forall y \in Y \quad f_{A(B_1',B_2'...)}(y) = \min_{i=1,2,...} f_{B_i'}(y)$,

avec toute autre implication floue de la figure V.2.

3. **Détermination d'un résultat non flou (étape E3).** — Du résultat agrégé que l'on vient d'obtenir, on cherche à déduire une action de commande, c'est-à-dire une caractérisation précise B de W qui représente au mieux la caractérisation floue $A(B_1', B_2', ...)$. Elle est de la forme $B = \{y_0\}$ et sa fonction d'appartenance f_B vaut 1 en un point y_0 de Y et 0 partout ailleurs.

Pour déterminer y_0, on utilise le plus souvent la méthode du centre de gravité, avec :

$$y_0 = \left[\int_Y f_{A(B_1',B_2',...)}(y)\,y\,dy\right] \Big/ \left[\int_Y f_{A(B_1',B_2'...)}(y)\,dy\right].$$

D'autres méthodes sont utilisables, comme celle du maximum, qui consiste à choisir un point y_0 de Y tel que $f_{A(B_1',B_2',...)}(y_0)$, soit la plus grande valeur de la fonction d'appartenance de $A(B_1', B_2', ...)$. Si plusieurs points de Y répondent à la question, on peut par exemple déterminer y_0 comme leur valeur moyenne.

A l'étape E3, le choix de la méthode permettant de déterminer un résultat non flou ne doit pas être fait indépendamment de celui de l'implication floue utilisée à l'étape E1. En effet, on peut remarquer que l'on se trouve dans la situation schématisée dans la figure V.9 et qu'une implication floue telle que R^R, R^{KD}ou R^L qui fournit des résultats intermédiaires B'_1, B'_2 ... entachés d'une incertitude ε est peu compatible avec la recherche du centre de gravité de $A(B'_1, B'_2...)$ à l'étape E3 au cours de laquelle la portion de courbe d'ordonnée ε prend trop d'importance.

Certaines méthodes permettent d'effectuer simultanément les étapes E2 et E3, en choisissant pour représentant de l'ensemble des résultats intermédiaires la moyenne pondérée des représentants de chacun des résultats intermédiaires, la pondération faisant intervenir l'ordonnée des représentants ou l'aire des courbes représentant les résultats intermédiaires.

V. — Méthodes classiques de Mamdani et de Larsen

Méthode logique particulière, la méthode de Mamdani est historiquement la première à avoir été proposée, elle est très simple à mettre en place, comme celle de Larsen. Ces deux méthodes reposent sur les choix indiqués dans la figure VII.5.

	méthode de Mamdani	méthode de Larsen
implication floue R	R^M	R^P
opérateur *	minimum	produit
opérateur ⊥	maximum	maximum

Fig. VII.5. — Opérateurs utilisés dans les méthodes de Mamdani et de Larsen.

Avec la méthode de Mamdani, on obtient un résultat intermédiaire, avec la règle R1 par exemple, de fonction d'appartenance :

$\forall y \in Y \quad f_{B'_1}(y) = \min[\min(f_{11}(x_1), f_{12}(x_2)), f_1(y)]$, et avec celle de Larsen :

$\forall y \in Y \quad f_{B_1'}(y) = (f_{11}(x_1) . f_{12}(x_2)) . f_1(y).$

On traduit schématiquement ces méthodes comme indiqué dans la figure VII.6.

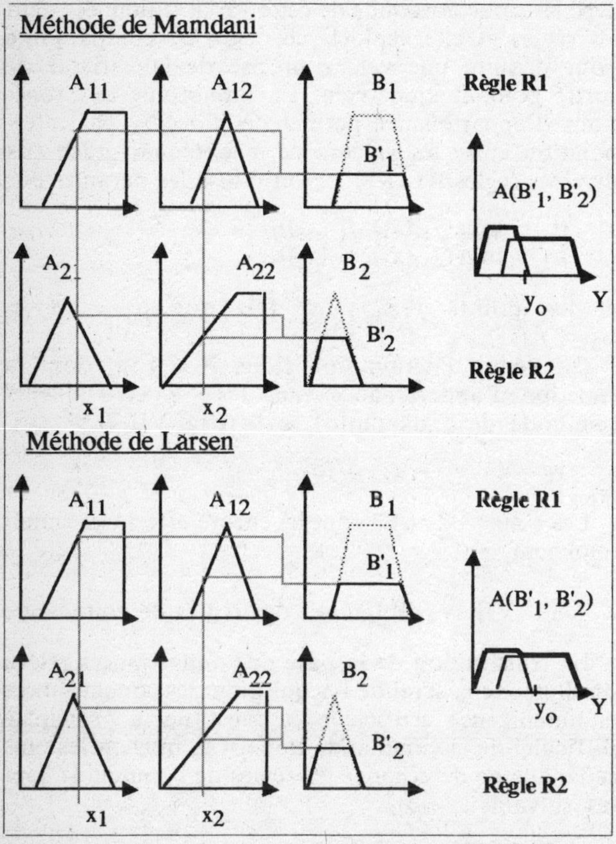

Fig. VII.6. — Représentation graphique des méthodes de commande floue de Mamdani et de Larsen.

VI. — Méthode par interpolation

Une approche complètement différente est utilisable dans le cas où les fonctions d'appartenance caractérisant les variables dans les règles sont monotones. Elle part du principe que toute valeur précise d'une variable d'entrée est compatible, à un certain degré, avec les caractérisations de cette variable données dans les règles et elle exploite ce degré de compatibilité pour déduire une valeur précise de la variable de sortie pour chaque règle. La monotonie des fonctions d'appartenance permet de procéder par interpolation entre les valeurs de Y obtenues grâce aux diverses règles R1, R2, ... On utilise les paramètres :

$$\alpha_1 = \min(f_{11}(x_1), f_{12}(x_2)),$$
$$\alpha_2 = \min(f_{21}(x_1), f_{22}(x_2)), \ldots$$

et les points y_1, y_2, ... tels que $\alpha_1 = f_1(y_1)$, $\alpha_2 = f_2(y_2)$, ...

On déduit l'action non floue $B = \{y_0\}$ dont la fonction d'appartenance vaut 1 en y_0 et 0 ailleurs (méthode de Tsukamoto), avec (fig. VII.7) :

$$y_0 = (\alpha_1 y_1 + \alpha_2 y_2)/(\alpha_1 + \alpha_2).$$

Les étapes E2 et E3 sont ici encore effectuées simultanément.

VII. — Obtention des règles de commande

La constitution de la base de connaissances relève du domaine général de l'acquisition des connaissances en intelligence artificielle et constitue la principale difficulté de la commande floue. Les moyens les plus répandus de déterminer les règles de commande sont les suivants :

— enquête auprès d'experts pour qu'ils explicitent leurs connaissances ou d'opérateurs qualifiés pour qu'ils décrivent leur savoir-faire. L'enquête peut être

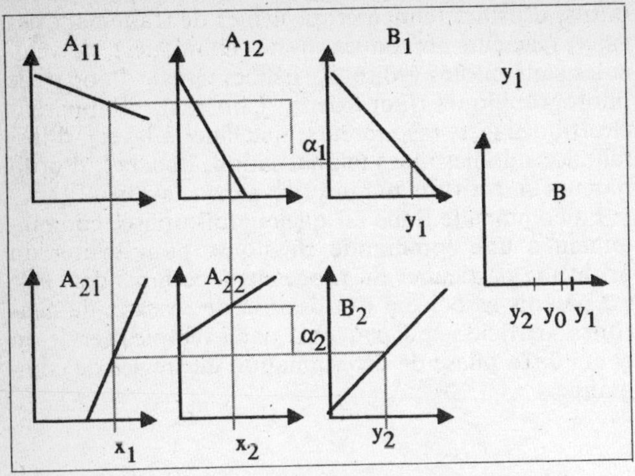

Fig. VII.7. — Représentation graphique d'une méthode de commande floue par interpolation.

effectuée, soit par interrogation orale, soit par questionnaire,

— observation des actions de commande réalisées par l'opérateur qualifié, et établissement de liaisons entre les données d'entrée et de sortie correspondantes pour le processus contrôlé,

— apprentissage des règles de commande à partir d'expériences, par ajustement à l'objectif de la commande,

— détermination d'un modèle flou du processus contrôlé, à partir d'une description linguistique de ses caractéristiques.

VIII. — Applications

Des applications de la commande existent maintenant dans des domaines très variés. On peut citer par exemple le contrôle de bras-robots, de machines-outils, d'usines (cimenteries, usines de traitement des eaux, réacteurs chimiques, usines chimiques), de véhicules sans pilotes (voitures, hélicoptères), d'appareils photographiques (autofocus, caméras), d'appareils électroménagers (aspirateurs, machines à laver), d'installations domestiques (climatisation, douche), d'ordinateurs à écriture manuscrite sans clavier ...

La commande floue est quelquefois utilisée conjointement à une commande classique, pour traiter un problème particulier du processus à commander. Elle est parfois associée à l'utilisation de réseaux de neurones artificiels qui peuvent, par exemple, servir au cours de la phase de détermination des règles de commande.

CHAPITRE VIII

SYSTÈMES EXPERTS FLOUS

L'intelligence artificielle est un domaine privilégié d'utilisation des sous-ensembles flous et de la théorie des possibilités, puisque les connaissances manipulées sont très souvent exprimées par des humains, donc fondamentalement imprécises, vagues et incertaines. C'est particulièrement le cas pour la construction de systèmes experts, que l'on considère ici fondé sur des règles de productions de la forme « si *p* alors *q* ».

I. — Imperfections sur les connaissances

Dans un système expert classique, toute règle (R) « si *p* alors *q* » a une prémisse *p* et une conclusion *q* exprimées de façon précise et certaine et elle est gérée par un moteur d'inférence basé sur la logique classique.

Si certains faits ou certaines règles sont mal connus, la règle (R) peut être assortie de coefficients indiquant la confiance de l'expert (c'est le cas dans un système tel que Mycin, par exemple) ou exprimant des connaissances probabilistes sur la fiabilité des règles si le problème à traiter autorise de telles connaissances (cela peut être le cas en météorologie ou en médecine par exemple).

Dans le cas où les méconnaissances sont des incertitudes dont les probabilités ne sont pas connues, où ce sont des imprécisions ou des descriptions vagues, il est approprié de construire un système expert utilisant des ensembles flous et la théorie des possibilités.

Si un prédicat p est vague (« la taille est petite »), il est traité tel quel dans un système expert classique, et le seul fait capable de déclencher la règle (R) sera exprimé comme p lui-même. Une donnée telle que « la taille est toute petite », même si elle représente un cas particulier de p, ne permet pas d'utiliser la règle (R), encore moins une donnée précise telle que « la taille est de 2,3 cm » en sachant que 2,3 cm correspond à une petite taille. Si un prédicat est imprécis, par exemple « si la taille est à peu près entre 10 et 12 m alors q », son utilisation dans un système expert classique nécessite la définition précise des limites acceptables de la taille (« la taille est entre 9,80 m et 12,20 m »); ces limites sont rigides et, si l'on veut rendre progressive la détermination de la taille satisfaisante, on doit découper l'intervalle considéré en sous-intervalles; par exemple, « si la taille est comprise entre 9,80 m et 9,90 m ou comprise entre 12,10 m et 12,20 m alors q_1 », « si la taille est comprise entre 9,90 m et 10 m ou entre 12 m et 12,10 m alors q_2 »; une fois encore, les limites des intervalles sont rigides et posent le problème de la continuité des conclusions (q_1 et q_2) aux environs immédiats de ces limites. En utilisant une représentation des connaissances par des sous-ensembles flous, on résoud ces problèmes d'utilisation d'une règle lorsque la donnée correspond intuitivement mais non expressément à la prémisse d'une règle, de détermination de limite rigide, de découpage des intervalles qui augmente le nombre de règles, de continuité aux alentours des limites.

Deux situations sont possibles :

— des connaissances utilisées dans les règles et les faits caractérisant une situation sont imprécis ou vagues. Une représentation des connaissances à base de variables linguistiques et un moteur d'inférence utilisant une logique floue permettent de les traiter,

— les connaissances utilisées sont précises, mais les règles et les faits caractérisant une situation sont incertains. Un moteur d'inférence utilisant la logique possibiliste permet de les traiter.

II. — Mise en œuvre de la logique floue

La mise en œuvre d'un moteur d'inférence à base de logique floue peut sembler plus complexe que celle d'un moteur en logique classique, et les opérations réalisées plus longues, principalement en raison du fait que des suprêma et des infima sont recherchés sur des ensembles, souvent continus. Plusieurs approches permettent de simplifier les calculs et parfois de les éviter, tout en restant compatibles avec le principe général du modus ponens généralisé.

1. **Situations simples.** — La représentation choisie pour la caractérisation floue A d'une variable linguistique (V, X, T_V) utilise souvent des fonctions d'appartenance f_A triangulaires ou trapézoïdales, décrites simplement par 5 paramètres $(C', C, D, D', \varepsilon)$ sur un univers ordonné $X = [X^-, X^+]$, où ε est l'incertitude, éventuellement nulle (toujours nulle si $A \in T_V$), où $]C', D'[$ est la partie de X où $f_A > \varepsilon$, et où $[C, D]$ est son noyau. Dans la pratique, une représentation différente (utilisant des portions de paraboles par exemple) produit relativement peu de différence au niveau des résultats du système expert. Une telle représentation a l'avantage de la simplicité et permet la mise en œuvre d'algorithmes rapides pour le modus ponens généralisé.

Considérons, comme au chapitre V.II, les connaissances suivantes :

Règle floue :	si V est A alors W est B	
Fait :	V est A′	
Conclusion :		W est B′

On suppose qu'on utilise les implications floues R^R, R^W, R^{KD}, R^{BG}, R^G ou R^L associées aux opérateurs de modus ponens de la figure V.6 (les autres implications floues ont un comportement différent, bien qu'également simple). Les résultats indiqués dans le chapitre V.III fournissent une conclusion immédiate dans les cas suivants :

- Si A = A′ ou si A ⊇ A′, alors B′ = B.
- Si A′ = A avec une incertitude, alors B′ = B avec la même incertitude.
- Si noy(A′) n'est pas inclus dans Supp(A), et en particulier si Supp(A) ∩ Supp(A′) = ∅, alors B′ = X (indétermination totale).
- Si B est précis et spécifique, B′ = B avec une incertitude dépendant de la compatibilité entre A et A′.

2. **Algorithme rapide de modus ponens généralisé.** — Dans les autres cas, pour obtenir B′, il faut calculer :

$$\forall y \in Y \quad f_{B'}(y) = \sup_{x \in X} \top(f_{A'}(x), f_R(x, y)),$$

ou bien utiliser un algorithme rapide qui consiste à exploiter des propriétés particulières selon la position relative de A et de A′. Un tel algorithme rapide concerne l'implication floue R^{BG} associée à l'opérateur de modus ponens généralisé ⊤ = min, et la figure VIII.1 présente quelques-unes des situations qu'il met en évidence. Les autres implications floues conduisent également à des algorithmes rapides. On utilise les caractéristiques suivantes de la comparaison entre A et A′ :

$$\begin{aligned} I &= \inf \{f_A(x) / f_{A'}(x) = 1\}, \\ \Omega &= \inf \{f_A(x) / f_A(x) = f_{A'}(x)\}, \\ \zeta &= \sup \{f_{A'}(x) / f_A(x) = 0\}. \end{aligned}$$

Les fonctions d'appartenance obtenues ne sont pas toujours trapézoïdales, mais on utilise, pour exploiter B′ et enchaîner les règles floues, la courbe trapézoïdale la plus proche possible de $f_{B'}$.

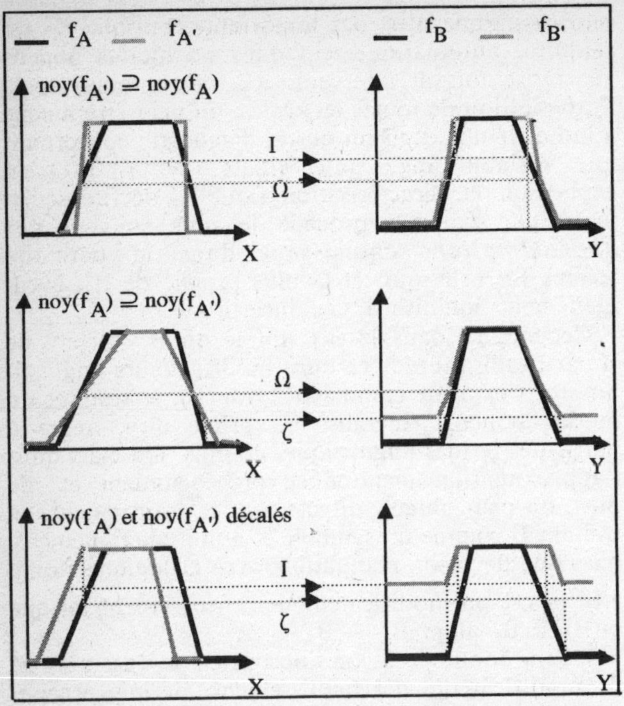

Fig. VIII.1. Conclusion obtenue pour trois positions relatives de la prémisse et de l'observation, avec l'implication floue R^{DG}.

3. **Utilisation de modificateurs linguistiques.** — La conclusion « W est B′ » obtenue par le modus ponens généralisé est décrite par sa fonction d'appartenance $f_{B'}$ définie sur Y mais elle n'est pas, en général, linguistiquement interprétable à partir des termes élémentaires de T_W. Au cours de l'enchaînement de plusieurs règles, telles que :

R_1 : si V est A, alors W est B,
R_2 : si W est B, alors U est C...,

cette remarque n'est pas importante, puisque $f_{B'}$ est exploitée automatiquement dans un modus ponens généralisé faisant intervenir R2. Néanmoins, après l'exploitation de toutes les règles, on peut être amené à indiquer une décision ou un diagnostic concernant une variable linguistique finale (W_f, Y_f, T_{W_f}) en explicitant la caractérisation floue B'_f décrite seulement par $f_{B'_f}$. On procède le plus souvent par *approximation,* choisissant dans la liste de termes T_{W_f} celle qui est la plus proche de B'_f, éventuellement soumise à une incertitude.

Cependant, dans le cas simple où B′ diffère de B par l'utilisation de certains modificateurs linguistiques et s'exprime comme $B' = m(B)$, le résultat du modus ponens généralisé s'exprime directement à partir des termes linguistiques connus. On évite ainsi l'approximation mentionnée précédemment et, de plus, on peut obtenir directement B′ sans calcul, en traitant B comme un symbole et non numériquement, bien que de façon compatible avec la logique floue.

• Si m est un modificateur de renforcement tel que $m(B) \subseteq B$, alors $B' = B$.
• Si l'on donne de façon appropriée un ensemble M de modificateurs d'affaiblissement, définis précisément par des transformations mathématiques, toute caractérisation de V de la forme $A' = m(A)$, pour $m \in M$, fournit directement B′ à partir de B, avec ou sans utilisation d'un modificateur de l'ensemble M, avec une incertitude généralement non nulle dépendant de la compatibilité entre A et A′, grâce à l'une des lois symboliques simples suivantes :

— Loi 1 : si l'observation est « V est $m(A)$ », alors la conclusion est « W est $m(B)$ », avec une incertitude γ.

— Loi 2 : si l'observation est « V est $m(A)$ », alors la conclusion est « W est B », avec une incertitude γ.

— Loi 3 : si l'observation est « V est $m(A)$ », alors la conclusion est « W est $m'(B)$ », pour $m' \in M$ et $m' \neq m$, avec une incertitude γ.

L'incertitude γ dépend du paramètre définissant m.

Exemple VIII.1 : Reprenons le modificateur m_1 défini dans l'exemple IV.2. Avec l'une des implications floues R^Wou R^{KD}, il obéit à la loi 2. Avec R^{RG}, R^{BG} ou R^G, il obéit à la loi 1 avec une incertitude γ nulle.

4. **Règles à prémisse complexe.** — Supposons que la prémisse d'une règle soit complexe et fasse intervenir plusieurs variables linguistiques (V_1, X_1, T_1), (V_2, X_2, T_2) ... sur des univers non-interactifs X_1, X_2 ... dans une description composée telle que « si V_1 est A_1 et V_2 est A_2 alors W est B ». Les résultats précédents sont toujours valides, pour une fonction d'appartenance f_A associée à la prémisse définie pour tout $x = (x_1, x_2 ...) \in X_1 \times X_2 ...$ par $f_A(x) = \min(f_{A_1}(x_1), f_{A_2}(x_2) ...)$, définie sur le produit cartésien des univers X_1, X_2 ...

Dans le cas où le conséquent « W est B » des règles est précis et spécifique, les implications floues R^{RG}, R^{BG}, R^G sont particulièrement simples à utiliser. En présence d'une observation de la forme « V_1 est A'_1 et V_2 est A'_2 ... » elles fournissent par modus ponens généralisé une conclusion « W est B avec une incertitude ε », pour laquelle ε est la plus grande des incertitudes qui seraient obtenues avec les règles décomposées « si V_1 est A_1 alors W est B », « si V_2 est A_2 alors W est B » ... :

$$\varepsilon = \max_{i=1,2...} \sup_{x_i \in X_i,\, f_{A_i}(x_i)=0} (f_{A_i'}(x_i)).$$

5. **Règles concernant les mêmes variables linguistiques.** — Plusieurs règles concernent généralement les mêmes variables, par exemple :

S1 : « si V est A_1 alors W est B_1 »

S2 : « si V est A_2 alors W est B_2 » ...

En présence d'une observation de la forme « V est A′ », il est préférable de combiner les règles avant d'effectuer le modus ponens généralisé. Soit R_1, R_2... les relations floues entre X et Y associées aux règles S_1, S_2 ... par l'utilisation d'une implication floue quelconque. On définit artificiellement une relation floue R entre X et Y associée à l'ensemble des règles :

$$\forall x \in X \quad \forall y \in Y \quad f_R(x, y) = \min_{i=1,2...} f_{R_i}(x, y),$$

et l'on combine ensuite f_R et $f_{A'}$ par un opérateur de modus ponens généralisé, selon la méthode indiquée au chapitre V.II.

6. **Combinaison des résultats.** — Soit une variable linguistique (W, Y, T_W) dont la caractérisation est le but du système expert considéré. Dans le cas d'un système conduisant à une décision ou un diagnostic « W est *d* », avec $Y = \{d, \neg d\}$, plusieurs enchaînements de règles sont susceptibles de fournir une conclusion concernant W, de la forme « W est B′ », B′ étant une caractérisation floue de W définie sur Y. Chacun d'entre eux indique la possibilité π_j et la nécessité N_j de $\{d\}$ à partir de la fonction d'appartenance $f_{B'}$ qui induit une distribution de possibilité sur Y. Les différents résultats doivent donc être combinés en respectant les conditions liant possibilité et nécessité et on peut conclure que *d* est affecté d'un coefficient de possibilité π et d'un coefficient de nécessité N tels que :

$$\pi = (\min_j \pi_j)/\max(\min_j \pi_j, \min_j (1-N_j)),$$
$$N = 1-(\min_j (1-N_j))/\max(\min_j \pi_j, \min_j (1-N_j)),$$

qui satisfont la condition nécessaire $\max(\pi, 1-N)=1$.

Dans le cas général d'un système expert conduisant à plusieurs caractérisations floues B_1, B_2 ... de W, les fonctions d'appartenance f_{B_1}, f_{B_2} ... permettent de déduire une distribution de possibilité π sur Y en utilisant un opérateur de combinaison $*$, par exemple l'opérateur « minimum » :

$$\forall y \in Y\ \pi(y) = (f_{B_1}(y) * f_{B_2}(y)) / \sup_{y \in Y}(f_{B_1}(y) * f_{B_2}(y)).$$

III. — Traitement de connaissances graduelles

Les connaissances *graduelles* établissent une liaison entre les variations possibles d'une première variable et celles d'une seconde variable. Elles apparaissent fréquemment au cours du recueil d'expertise et doivent être traitées dans le cadre des systèmes experts.

Pour deux variables linguistiques (V, X, T_V) et (W, Y, T_W), $T_V = \{A_1, A_2 ...\}$ et $T_W = \{B_1, B_2 ...\}$ étant supposées ordonnées, une *règle graduelle* est une liaison entre V et W de la forme :

(RG) « plus (moins) V est C, plus (moins) W est D »,

où C et D sont deux caractérisations linguistiques de V et de W.

Pour traiter une telle règle dans le cadre d'un système à base de règles de production, on interprète la gradualité inhérente à RG. Soient donc des règles de production :

(RP*i*) si V est A_i, alors W est B_j, $i = 1, 2 ...$

pour tous les $A_i \in T_V$ et $B_j \in T_W$. On engendre des règles intermédiaires grâce à des modificateurs. Le traitement du faisceau de règles ainsi obtenu est alors équivalent à l'interprétation de la règle graduelle RG.

On peut imaginer plusieurs types de variations autour d'une proposition floue « V est A_i » :

— 1er type : V est caractérisé par des variations successives autour de A_i, qui renforcent ou affaiblissent de plus en plus la caractérisation, par exemple

« V est A_i », « V est très A_i », « V est très très A_i »...

— 2e type : V est caractérisé par A_i, avec une certitude de plus en plus grande ou de plus en plus petite, par exemple « V est A_i » est certain, relativement certain, peu certain...

Une règle graduelle telle que RG exprime une relation entre des variations de l'un de ces types pour la variable V et des variations du même type ou d'un type différent pour la variable W. La logique floue permet de traiter des règles graduelles de l'une ou l'autre forme, selon l'implication floue choisie.

Si l'on utilise l'implication floue R^{RG}, R^{BG} ou R^{G}, on établit une liaison entre des variations du 1er type concernant V et W, modélisant « moins V est C, moins W est D ». Si l'on utilise R^{W} ou R^{KD}, on peut établir une liaison entre des variations du 1er type concernant V et des variations du 2e type concernant W, modélisant « moins V est C, moins il est certain que W soit D ». Si l'on utilise R^{R}, R^{W}, R^{RG}, R^{KD}, R^{BG} ou R^{G}, on peut également établir une liaison entre des variations du 2e type concernant V et W, modélisant « plus il est certain que V soit C, plus il est certain que W soit D ».

Exemple VIII.2 : Considérons la règle graduelle (« moins le coût est élevé, moins le confort est satisfaisant »), avec V=coût, W=confort, $T_{\text{coût}} = \{$bon marché, intermédiaire, cher$\}$, $T_{\text{confort}} = \{$faible, moyen, bon$\}$ « élevé » décrivant la qualité variable du coût sur l'échelle des prix, « satisfaisant » décrivant celle du confort sur l'échelle croissante des degrés de confort. Pour traiter une telle règle dans le cadre d'un système expert, on peut se servir des règles suivantes :

« si le coût est bon marché, le confort est faible, »
« si le coût est intermédiaire, le confort est moyen, »
« si le coût est cher, le confort est bon, »

et utiliser des modificateurs qui effectuent des interpolations entre ces règles, telles que « si le confort est relativement cher, le confort est relativement bon ».

IV. — Exemples de systèmes experts flous

Les conditions suivantes sont propices à l'utilisation de logique floue pour la construction d'un système expert : des données sont fournies par des instruments d'observation dont la précision n'est pas absolue; la précision de la représentation doit être flexible pour s'adapter aux conditions d'observation; les descriptions disponibles utilisent des objets aux limites imprécises, avec des catégories qui se chevauchent éventuellement; les observateurs fournissent des descriptions subjectives; la représentation des objets doit être proche de la description linguistique fournie par les observateurs.

Des systèmes experts ont été réalisés pour traiter des problèmes très divers, dans le domaine médical (gérontologie, diagnostic de cancer thyroïdien ou des maux de poitrine, traitement du diabète), dans le domaine financier (analyse de portefeuille, opérations de change, prévisions boursières), dans l'aide à la résolution de problèmes mathématiques, pour la prévision (dommages en cas de tremblements de terre, météorologie), pour ne citer que quelques exemples.

BIBLIOGRAPHIE

Dubois D., Prade H., *Fuzzy sets and systems, theory and applications,* Academic Press, 1980.

Dubois D., Prade H., *Théorie des possibilités, applications à la représentation des connaissances en informatique,* Masson, 2e édition, 1987.

Fuzzy sets and systems (revue, 24 numéros par an), en particulier : Special memorial volume, vol. 40, nos 1, 2, 3, North Holland, Amsterdam, 1991.

Kaufmann A., *Introduction à la théorie des sous-ensembles flous,* vol. 1, Masson, 1973.

Klir G., Folger T., *Fuzzy sets, uncertainty and information,* Prentice Hall, 1988.

Yager R. R., Ovchinnikov S., Tong R. M., Nguyen H. T. (eds.), *Fuzzy sets and applications, selected papers by L.A. Zadeh,* John Wiley & Sons, 1987.

Zimmermann H.J., *Fuzzy set theory and its applications,* Kluwer, Dordecht, 1985.

TABLE DES MATIÈRES

INTRODUCTION 3

CHAPITRE I. — **Sous-ensembles flous** 7

I. Définitions, 8. — II. Opérations sur les sous-ensembles flous, 12. — III. Les α-coupes associées à un sous-ensemble flou, 15. — IV. Produit cartésien de sous-ensembles flous, 17. — V. Principe d'extension, 20. — VI. Normes et conormes triangulaires, 22.

CHAPITRE II. — **Relations et quantités floues, mesures d'imprécision** 25

I. Relations floues, 25. — II. Quantités floues, 30. — III. Mesures d'imprécision, 34.

CHAPITRE III. — **Théorie des possibilités** 38

I. Mesure et distribution de possibilité, 39. — II. Mesure de nécessité, 45. — III. Comparaison entre possibilité et probabilité, 48. — IV. Possibilité et nécessité de sous-ensembles flous, 49. — V. Mesures de possibilité et fonctions de croyance, 51.

CHAPITRE IV. — **Variables linguistiques et propositions floues** 55

I. Variable linguistique, 55. — II. Modificateurs linguistiques, 57. — III. Propositions floues, 59. — IV. Caractéristiques de la logique floue, 63. — V. Quantificateurs flous, 66. — VI. Probabilité, possibilité et vérité linguistiques, 67.

CHAPITRE V. — **Raisonnement en logique floue** 68

I. Implications floues, 68. — II. Modus ponens généralisé, 72. — III. Comparaison des implications floues, 76. — IV. Conclusion, 87.

CHAPITRE VI. — **Raisonnement possibiliste** 89

I. Mesures de possibilité et de nécessité de propositions logiques, 89. — II. Modus ponens et modus tollens avec incertitudes, 91. — III. Formulation matricielle, 94. — IV. Conclusion, 99.

CHAPITRE VII. — **Commande floue** 100

I. Caractéristiques de la commande floue, 100. — II. Configuration générale d'un contrôleur flou, 101. — III. Principe de la commande floue, 102. — IV. Méthode logique générale, 107. — V. Méthodes classiques de Mamdani et de Larsen, 110. — VI. Méthode par interpolation, 112. — VII. Obtention des règles de commande, 112. — VIII. — Applications, 113.

CHAPITRE VIII. **Systèmes experts flous** 115

I. Imperfections sur les connaissances, 115. — II. Mise en œuvre de la logique floue, 117. — III. Traitement de connaissances graduelles, 123. — IV. Exemples de systèmes experts flous, 125.

BIBLIOGRAPHIE 126

Imprimé en France
Imprimerie des Presses Universitaires de France
73, avenue Ronsard, 41100 Vendôme
Janvier 1993 — N° 38 559